麗しき求道者 ―小野 梓

浦田文男 著

はしがき

早稲田大学第十四代総長奥島孝康先生の「小野梓に学ぼう」のご講演の拝聴がきっかけで、折にふれ梓の功績をいろいろな方から聞かせていただきました。そして一九九五（平成七）年三月十一日、高知阪急ホテルでのエクステンション講演会で奥島先生が述べられたなかのひと言が、長いこと私の脳裡に残っていまして、現れては消え、消えては現れるという具合に忘れ去ることはありませんでした。

当時、私は和菓子店を営み、忙しい日々を過ごしていましたが、体力的に家業を続ける限界を感じ、二〇一五（平成二十七）年四月十五日に廃業しました。奥島先生がご講演で述べられたなかのひと言とは、「歴史家の厳密な分析に基づいて梓を語るより、イマジネーションを働かせて梓の人間像をトータルに把握すると、より現実的な梓像が鮮明になるのではないか」というお話です。

そこで私なりに解釈し、決意しました。研究家の先生方が残してくれた記録と、私の考える梓に、幼年期から晩年までの実像に無謀と知りながらも挑戦してみようと。

私は高知県の宿毛《すくも》に長いこと住んでいますが、この度、梓を深く掘り下げることによって、これほど日本の平和国家を早くから唱えていた偉大な人物がいたのかと思い知らされました。

麗しき求道者——小野　梓

目次

装幀　滝口裕子

1

生誕の地──宿毛

一六〇〇（慶長五）年旧暦九月十五日早朝、関ヶ原の盆地に、東軍約七万五千人、西軍八万四千人の大軍が凄まじい殺気をただよわせるなか両軍は対峙した。合戦は、午前八時頃、両陣営の先鋒隊の合図で、静寂を突き破る大喊声が沸き上がると同時に火蓋は切られた。決戦は一進一退を繰り返し、勝敗の行方は容易に決しなかったが、松尾山に布陣していた小早川秀秋の徳川方への寝返りによって東軍は優勢になり、午後二時過ぎに西軍は壊滅し、東軍勝利となり激戦は終結した。

この合戦は、戦国時代の世の終焉を告げる大きな節目になった。戦いの後、十一月初旬、徳川家康は、榊原康政を通して山内一豊《やまうちかづとよ》に土佐一国を与える旨伝えてきた。一豊は、関ヶ原で家康本陣の後方に陣取り、味方の寝返りに備えていて、戦場では武功は上げていなかった。

しかし、関ヶ原合戦に至るまでの間、家康のために数々の功績を残している。徳川軍が西上してくる街道筋の武将達を説き、物資の調達を含め様々な便宜を図った。自ら居城、掛川城五万石を家康に明け渡し、その上、人質を差し出し、二心《ふたごころ》のないことを明らかにした。そして、良妻、千代《ちよ》からの密書は開封せず家康に届けた。戦の後、一豊は密書の内容を千代に聞くと、

「豊臣方に囚われの身であったが大坂の状況を詳しく記したものであった」

という。徳川陣営にすれば重要な情報であった。これらの行動を家康は高く評価し、戦場以上の武功に等しいと考えていた。

これらのことは、一豊の実直な人柄の現れといえる。

一豊は、徳川家康に拝謁した後、十一月中旬、土佐入国の準備にかかった。土佐は、

関ヶ原で敗れた長宗我部盛親《ちょうそかべもりちか》の領地であり、居城の浦戸城の明け渡しは旧臣らの反抗にあい難渋するが、上層家臣と話し合いがつき、城の明け渡しは決定された。しかし、これに一部の不満分子が襲撃をかけてきた。こうした状況のなか、一豊の弟、康豊《やすとよ》が土佐に入国し、長宗我部氏の政策を引き継ぐことを表明して、一豊が入国するまでの地ならしを行った。

慶長五年十二月下旬、一豊は約二百名の家臣団を従え、大坂を出発、翌年一月八日、浦戸城に入城することができた。

入城後も一揆に苦しめられ、国替の難しさを実感していた。一豊は家臣を前にして、

「国替というものは、このようにして難儀なことよ。皆にも苦労かけたのう。大儀であった。一豊、礼を申す」

と、家臣達をねぎらった。

数日後、重臣を集め、土佐藩の図面を広げ軍議を開いた。

「余は、この国を切り開いてゆくためには、まず守りを固めることが先決と考えて

いる。特に国境《くにざかい》に力を注がなければなるまい」

そう言い終わると、図面を見ながら浦戸城より最も離れた西の端の部分に視線を落とした。一豊は、「と」ある村を軍扇で示した。それは小さな「宿毛村《すくも》」であった。

一豊の勘は素早く、西の守りを固めるには、ここが最も重要な位置と捉えた。見たことのない端っこの村が気になったのである。

図面で判ることは、境界線を伊予と陸路、海路と広く有し、宿毛湾から豊後水道の向こうは九州である。浦戸城から遥か遠く目の届かないこの村を軽く見てはならないと、一豊の脳裡を過ぎるものがあった。数多く戦場を駆け巡ってきた経験から出てきたものである。重ねて協議してゆくうち、ある人物の名を発っした。次の日であった。

「姉上、お呼びだてをして申し訳ございませぬ。一豊、お願いの儀がありまして」

そこまで言った時、遮るように姉、通《つう》は、

「殿の仰せなればなんなりと」

微笑みながら如何なることでも受け入れる心情になっていた、

一豊は、普段から冷静、沈着な物言いの人であった。国造りについて自身の構想を述べ、要《かなめ》となる所には信頼のおける人物を配置する考えを示した。東西に長い土佐藩の地形に話が及び、宿毛村の地名が出ると、通は、

「殿、私も可氏《よしうじ》と一緒に参りましょう。なにとぞ、殿のお考えを可氏に命じてくださいませ」

その日、可氏は目通りが許された。

「のう可氏、土佐に来たばかりで驚いたかもしれんが、国造りは急がなければならん。油断があってはならんでのう。姉上にも話しておるが、西の端の宿毛は当藩にとって守りの要の一つである。今後は、「山内」姓を名乗り、大儀であるが励んでくれ。可氏には六千石、姉上には八百石遣わす」

可氏は叔父である一豊の命の一言一句を神妙な面持ちで聞き、「身命に誓ってお守りします」と平伏したのであった。可氏は、国家老として宿毛村の城主につくことになった。

一豊の十三歳年上の姉通は、美濃の国北方城主、安東伊賀守守就《もりなり》の弟、郷氏《さとうじ》に一五四五（天文十四）年嫁いでいた。その後、一五八一（天正九）年六月の戦禍で安東家は没するが、通は、実子可氏、甥の安東郷忠と娘を連れ、親戚の美濃本巣郡岩手竹中半衛重信を頼って世話を受けた。一五八五（天正十三）年閏八月に近江長浜の城主となった一豊から呼び寄せられ、長浜城で暮らすようになった。

通は、長浜城に来た時から北方様《きたかたさま》と呼ばれ、この呼称は生涯続いた。しばらくして可氏なども長浜城に呼ばれて共に過ごすことになった。

可氏は、一豊から命を受けた日から直ちに宿毛へ向けて準備にかかり、数日で支度を整え、母通、家臣総数六十数名を従へて、一六〇一（慶長六）年八月に宿毛村へ入領を果たした。

宿毛村は、伊予の山中に水源を有し、そこからの湧き水が多くの支流を取りこみ、松田川となって山間を蛇行しながら沖積平野を築いた所の海に繋がる河口に開けた村であった。宿毛湾から豊後水道、太平洋に拡がる農林、水産業の盛んな村で、温暖で風土の良い所であった。宿毛城は、松田川下流西側の小高い丘の上にあって、名ばかりの小さな城であった。別名松田城とも言われ、城から一円が全貌できた。

城は狭く生活するには不向きで、可氏は即座に城下《しろした》の麓に館を構えた。通は、一豊が西の端のこの地を如何に重要視していたかがよく分かった。国造りにはこの一角を崩してはならない所であった。通は可氏に向かって、

「ここはなかなか良い所じゃあのう。一豊が心を痛めることのないよう励まんといかんのう」

「母上、ご案じなさいますな。私もこの地を守ることこそ殿の意に添えるものと考えています。可氏、身命をなげうってでも守り抜きます」

母子の気持ちは一つであった。

通は、その後、一六〇六（慶長十一）年、七十四歳で亡くなった。

一六一五（慶長二十）年、江戸幕府は各藩に城は一国一城の幕命を下し、宿毛城は取り壊された。

可氏は、館を増改築し、ここを拠点として宿毛を統治することにした。館を中心に重臣達が屋敷を構えるようになると、町割が固まり、城下町が形成された。これより明治の廃藩置県が発令されるまで、山内家の治世が続くのであった。

一八五二（嘉永五）年旧暦二月二十日、土佐国幡多《はた》郡宿毛村本町北側で一人の男の児が呱々《ここ》の声を発した。父は小野節吉《せつきち》と言い、母を助野《すけの》と言った。二人目の児であった。

小野家は薬屋を営み、節吉は領主山内家の軽格武士に取り立てられた家柄であった。当時、士分の者は数百人程度で、村民は三千人を切る村であった。節吉は赤児の顔を見た時、不思議な胸のときめきを覚えた。長男、作馬の時になかったものである。

その時の感銘は名付けの際に表れた。節吉は、次男の名前に数日費やした。朝食がすんで一段落した時、

「のう助野、そろそろ赤児の名前を決めんといかんろう。いろいろ思うてみたけんど、一つの名前しか浮かんでこんでのう。わしの考え言うてみるけん」

と、助野に向かって言った。助野は名前のことを早よう知りたかった。

「旦那様、決まりましたか！」

弾んだ声が跳ね返ってきた。

「うん、わしも迷っていたけんどテツイチに決めたけん」

「どんな字を書くのですか」

節吉は傍らに置いてあった半紙を取り、大層な面持ちですらすらと龍の字を四つ合わせて、その下に一を引いて𪚥一と一気に書き上げた。

「テツイチと読むのやけん」

あっさりと言った。半紙に書かれた文字を見て助野はたまげた。

「これ、ほんまですか」

「助野、お前をたまげさすつもりで決めたのじゃーない。わしもちょっと難しい字と思ったけんど、赤児の顔を見ていたら、この字しか浮かんでこんでのう」

節吉からそう言われると助野も返す言葉が見つからなかった。ぐっと唾を飲み込んで、

「旦那様がお決めになられたのやけん、それでええと思います」

助野は、恭順の意を笑顔で示した。節吉は、薬屋を営む関係で和漢に詳しく精通していたので、名付けに影響したのかもしれない。名前に似合わない細面《ほそおもて》の可愛らしい男の児は、すくすくと育っていた。


二歳の時であった。一八五四（嘉永七）年十一月五日、伊勢湾から九州東部にかけ大地震が起きた。広範囲の地震である。

宿毛村も大被害を受けた。突然襲ってきた烈しい揺れに家屋は耐えきれず、ガタガタと不吉な音をたてて物が落ち、壁や襖が壊れ、足の踏み場もない惨状になった。

その時、節吉は店にいた。店から何間も離れていない母屋へ向かうが、気が動転し

て思うように進めない。

「助野！　大丈夫か、子供達はどうしておる」

叫びながら声のする方へ行った。母屋もひどい状況であった。助野と子供達はひとかたまりになって床の間の隅で恐怖に慄《おのの》いていた。親子は手を取り合い、必死の体で表に出ることができた。近所で火災が発生していて大混乱が生じていた。大津波がくるという大声がし、節吉は機転をきかし一家で近くの山に避難した。この地震で𪚥一は頭に大きなタンコブをつくっていた。

年も変わり、大地震の混乱から落ち着きを取り戻した一八五五年初夏の頃、小野家に異変が起こるようになった。次男𪚥一が体調を崩し微熱が出ると、突然癲癇《てんかん》の発作を発症するようになった。その症状は手と足がつっぱり意識をなくし、ひどい時は眼を開いて口から泡を噴くこともあった。

「あ、この子はこのまま死んでしまうのではないか」と。

助野は横たわった𪚥一の傍らで泣くばかりで、節吉も苦渋に満ちた顔をしていた。

後でよく考えてみれば、発作は数分もたっていなかった。節吉は薬屋である。これは世間でよくある引付の病であることに気付いた。自身の一族では初めてのことであった。一つ分かったことは、体調を崩すと起こりやすいことである。最初の頃は、地震で大きなタンコブができたせいかも、また、腹に良からぬ虫がいついているやもと考えてみた。節吉は、

「のう助野、うちにある薬草を煎じて飲ませてみようと思うのじゃが、どうじゃろうね」

「まあ、できることはやってみましょう」

助野も合槌をうった。夫婦の会話も𪚥一の病のことが多かった。節吉は、書物を調べ、人づてに聞く話を合わせると、千人に五人から七人くらいの患者がいて、大部分は、ふだん元気そのものであると言う。𪚥一も同じであった。そして、ある年齢になると発作は自然に治まってくると言う。気長に構えるしかないと思えば少しは気が楽になった。ただ、発作は一年のうち二、三回は繰り返した。

2

〝志〟の育み

𪚥一は、五歳になってから習字を習い始めた。しかし、習字や読書に馴染めず、ずるをして遊びほうけていた。街のなかは子供にとって恰好の遊び場であり、自宅の通り一本北側は水道通りといって道の真ん中に石積で幅三尺ほどの水路があり、ここでエビ、小魚、ウナギを獲ったり、水の掛け合いをしたり、街中を走り、終日悪ガキ共と遊ぶのが常であった。𪚥一は、連れだって遊ぶ子供の中心にいて、皆から「テツ、テツ」と親しまれる快活な子供であった。

柿の実が熟れて食べ頃の秋の日であった。いつも連れだって遊ぶ五、六人と一緒に節吉の所に来て、

「父上、庭の柿を皆が食べたいと言うちょりますが、貰えませんか」

と、𪚥一は臆することなく言った。柿は見事に熟していた。大人でさえ食をそそられる大きな赤い柿であった。節吉は、皆を柿の木の下に連れて行き、

「食べてかまんがのう、わしの話を聞いてくれるか。見ての通りあまり残っていないので、お前達が食べたら今年の柿はおしまいになるけん。木の天辺の柿だけはおいちょってもらえんかのう。柿の木が丈夫で、毎年実を付けてくれるのは、神様が木の天辺に留まって見守ってくださるけん。神様のために最後の一つは残しておきたいのやけんど、どうかのう」

節吉が皆に諭すように言うと、𪚥一は、

「父上、分かりました。天辺の柿は残しますけん」

連れの子供達はその言葉を聞いて、こっくりをして、にっこり笑い、

「おんちゃん、おおきに」

と礼を言った。こんな話をするのも、何事も道理を尽くすことが節吉の信条であり、

生真面目な性格の現れであった。𪚥一は弁舌もなかなかのもので筋を通した話のできる陽気な少年に成長してきた。

節吉の勧めで、九歳になると儒学者酒井南嶺《なんれい》の塾に入った。毎日きちんと行くのであるが、勉強に身が入らず、終日ぼうっと過ごすのである。そのうち居眠りすることが多くなり、他の塾生が帰った後で眠りから覚め、慌てて家に帰ることが度々あった。南嶺の方からすると、ずるをするというよりも、ただぼうっとした塾生に見えた。

南嶺と節吉は互いに尊敬し合う関係であった。節吉は、このままでは南嶺に迷惑をかけると思い、倅《せがれ》の病弱なことを話し、しばらく我儘を許してもらい、このまま塾通いができるようにした。𪚥一の発作もこの頃から治まっていた。

𪚥一は、一八六一（文久元）年の暮に節吉と助野の会話を何となく小耳にした。

「どうも南嶺さんは和漢の再修学のため京都に行くそうじゃのう」

次の日、𪚥一は塾に行き、南嶺に会うと臆することなく真剣な面持ちで、

「先生は京都にお行きになられるそうですが、私を門人としてご指導してくださっていますのに私に何の話もなく黙ってお行きになられるとは、はなはだ不愉快にございます」

と、南嶺に詰め寄った。南嶺は思いもよらない𪚥一の態度にたじろいだ。真逆、十一歳に満たないこの居眠り小僧からこのように言い寄られて唖然とした。とっさに表情を崩し、にこやかに、

「すまん、すまん。急ぎができて京に行くことになってのう。皆に言うのが遅れてしもうた」

と、その場を繕った。南嶺にとって忘れられない一瞬になった。筋を通さなければ収まらない性格が現れ、急に大人びた自己主張をしたのは、自身が目覚めてゆく証であった。

一八六三年、十一歳になると宿毛郷学校、文館に入学し、熱心に勉強するようになった。自分も頑張ったつもりであったが、同級生と比較するとはるかに劣っていた。

そのなかに、行動力が俊敏で学力も飛びぬけて、秀才と呼ばれる学生がいた。そのことを節吉に言ったところ、

「なに、それは一地区の秀才にすぎないが、お前はその人より劣っているではないか。わしが思うには、広い国のなかにそういう学生はたくさんいるけん、テツ、お前は大いに頑張らんといかんのやないかね」

節吉はそう言って戒《いまし》めた。

周囲の状況が分かってくると、ずるをしている環境ではなく、昼間は文館で学び、夜は節吉の下で教えを乞い、目から鱗が落ちたように、突然、猛勉強を始めた。それは、眠れる獅子の目覚めのようであった。

一八六七（慶應三）年、第十代領主氏固《うじかた》公は、教育の重要性を悟り、文館を再整備し日新館を開設し、漢学、武芸と幅広い教育に力を注いだ。𪚥一は、その両方を熱心に学んだ。

夜は酒井南嶺が開設した塾、望美楼《ぼうびろう》で学び、寸暇を惜しんで猛勉強を重ねた。武芸については、ひと昔、土佐勤王党に加盟していた人物で坂本龍馬の紹介で勝海舟を護衛し刺客を斬って救ったこともあり、特に佐幕派人物の暗殺を重ね、薩摩の田中新兵衛と並び「人斬以蔵」と恐れられた岡田以蔵《いぞう》が高知から剣術指導に来ていて、貴重な教訓を残していた。それらの厳しい訓練もやりきった。

𪚥一の学業成績は、目覚ましいものがあり、並みいる学生をみるみるうちに追い越し、優等生になった。日新館一番の学生と言われ、学生にとって最高の名誉である日新館二階に特別に設けられた優等学生読書室を与えられた。

軽格武士の家柄であったが「騎馬格」より上に位置付けられ、さらに領主から金一封も受けた。大先輩、中村重遠《しげとお》から、

「𪚥ちゃん、たいしたもんやかい。よう頑張ったね」

とねぎらわれた。

中村重遠は、十二歳上の優しい兄貴分であった。後年、軍人として活躍。名古屋城、

天下の名城白鷺城がまさに取り壊し寸前の運命にあった時、中村進一郎重遠大佐は、芸術的にも築城学的にも極めて価値の高いこれらの名城をなんとかして後世に残さなければならないと、陸軍卿、山縣有朋にこの趣旨をしたためた建白書を提出し、廃棄から免れたのであった。

𪚥一がこのように短期間で学識を高めたのは、偏《ひとえ》に才能が開花したものであるが、精神力が凄かった。そして一旦取り組むと、それに徹し、情熱と集中する力を持っていた。それは、自分がそういう運命にあると自覚していたのである。そういうふうに思わせる土壌を作っていたのが父、節吉であり、酒井南嶺であった。南嶺は、節吉に劣らず、𪚥一の少年期から熱心な教育と優れた指導力で精神的に大きな影響を与えた。

酒井南嶺は、名を三治と言って、一八二八（文政十一）年、山内家の家臣の家に生まれ、𪚥一より二十四歳上の大先輩であった。早くから京都で和漢を修学し、帰郷するや私塾を開設し、文館、日新館の教授となって長州の吉田松陰とも称された人物で、その門下生から宿毛の傑物が多く輩出されている。尊王攘夷、佐幕、開国と世論が騒然とした時代であっても、極めて広い視野を持った主で、言わば国際人で「世界のなかの日本人」を基本理念として教育に臨んでいた。

一八六六（慶応二）年一月八日、節吉は領内の物産外商のため、重臣竹内綱《つな》達と大坂に赴くことになった。領内でとれた木炭、薬草、樟脳、干物の海産物など、たくさんの商品を取り揃えて商いをし、領内の財源確保をするために宿毛を出発することになった。

𪚥一は絶好の機会と思い、節吉に同行を願い出た。郷里しか知らない十四歳の若者の我儘であった。節吉は、

「今度の大坂行きは、物見遊山じゃないけん、子供がついてきては迷惑じゃ。それよりも、お前は他にすることがあるじゃろう」

と、そっけなく断わられた。助野は、落胆している息子を見かねて、

「父上が大坂でする仕事は忙しいし、なかなか大変で、お前がついていけば父上だ

けでなく、他の方にも迷惑をかけるけん、今度は辛抱せんといかんぜ。いずれ大坂に行ける時がくるけん」

と、労《いたわ》るように慰めた。

節吉は、大坂蔵屋敷に詰め、京坂の広い地域を歩き、積極的な営業活動を展開して成果を上げ、領内の財政を大いに潤わせた。節吉は、七月の暑くなった頃、ようやっと帰ってきた。しかし、家族、皆が揃った喜びは束の間であった。大坂での無理がいけなかったのか、体調を崩し、喀血した。

結核の発症である。病状は、家族の心配と手厚い看病に反するようにだんだん悪くなる一方であった。その年の暮も迫る頃、節吉は、𪚥一を枕元に呼び寄せて、生まれた時から𪚥一には特別な感情を持っていたこと、それが期待していた以上に学業の成果となって現れたことを褒めた。そして、充分な学識が身についたが、さらに研鑽を求めるかのように、

「わしの考えであるがのう、わしがなし得なかったことでもある。お前に分かって

もらえるように思うが」

　節吉の目は何かを訴えていた。

「よいかの、わしの言いたいことは三つある」

　枕元に助野もいた。節吉の言うことを一言も聞き漏らすまいと身を乗り出し、嗚呼、旦那様は死期を悟られちょる。切ない想いがこみ上げた。節吉は、ぽつりぽつりと語り始めた。力強くはないが、言葉ははっきりしている。

「のう、𪚥一、
　一つ、自分の〝志〟を達成する機会がきたら、全力をあげてこれを行えや。不幸にして達成する機会がなかったら、その時こそ平素学び得た知識をもって不朽の書を著し、後世を導くのじゃ。

　一つ、昔から学者は多いが、大方は腐儒の学で役立たずじゃ。全く無用の長物じゃけん、お前は書を活用する人になってくれ、書を読む人にならんようにのう。

　一つ、自分は尊王討幕に尽くしてきたが、不幸にして病に倒れ、王家復活の大業を見ずに死ぬるのは誠に残念でつらい。お前は父の〝志〟を継ぎ、王家と国のために尽くすのじゃ。身を犠牲にして国家のために尽くすは男子第一の栄誉であるぞ」

節吉は、𪚥一に言い含めるように静かに語った。助野は頷きながら涙をそっと拭った。

節吉が、遺言として言い残したことは、己の夢もそこにあったからである。薬屋という職業もあって、早くから勉強もし、世情に詳しかった。土佐勤王党、党首武市《たけち》半《はん》平《ぺい》太《た》と早いうちから親密な交流があった。節吉自身、勤王の志が強く、勤王運動に熱を注いでいた。知識人として、号を持ち、金水と称し、領内でも信頼の厚い人柄であった。

十二月二十九日、節吉は最期を迎えた。

十四歳の𪚥一は、人生の大切な師を失った喪失感と同時に、何もない空間に放り出され、一瞬どうしようもない虚しさに襲われた。我に返り父を見ると、意志の強さを示すような四角ばった節吉の顔は穏やかで、

「わしの気持ち、分かってくれたかのう」

と、語っているように思えたのであった。遺言は生涯かけて実行して参ります、と𪚥一は胸の奥深くしまい込んだ。

3 大きな経験

助野は、節吉亡きあと、長男作馬と薬屋を営みながら𪚥一の養育に一生懸命であった。

節吉の最期の言葉は助野にとっても重いもので、自身の責任のように思えた。𪚥一本人は勉強に打ち込んでいても、傍からすると怠けているようにみえた。宿毛での学習は物足りないものになっていた。助野は度々節吉の遺言を持ち出し、叱責する日があった。

一八六七（慶應三）年十二月に王政復古による天皇を中心とする新政権が誕生し、武力討幕の戊辰戦争が全国的に展開され、各藩から新たに編成された討幕軍がぞくぞくと東進するようになると、宿毛でも機勢隊《きせいたい》という一軍が編成された。
一八六八（慶應四）年一月、十六歳になった𪚥一は、中村重遠が指導する機勢隊に入隊した。以前、日新館で訓練を受け、最低限の知識と武術は覚えがあったが、入隊して受ける実戦訓練は厳しかった。訓練の合い間、兄貴分の重遠は隊員らを誘い、小料理屋で一杯やりながら雑談することもあり、充実した日々を過ごした。重遠は「𪚥ちゃん」と言って可愛がり、酒席に誘ってくれ、𪚥一はその度に酒好きになっていった。

六ケ月間の訓練はあっという間に過ぎた。たくましく成長した𪚥一は、宿毛機勢隊の陣笠が良く似合った。腰に刀を差した姿は、十六歳の少年に見えず、立派であった。いよいよ出陣の時がきた。七月十四日、出陣式を終えた機勢隊百二十名は宿毛を出発し、高知を経て讃岐の観音寺から船で大坂に出て、京都を通り北陸道を抜け、新潟を過ぎたところで二班に分かれた。一隊は米沢口へ、𪚥一は重遠の班に属し、村上口から庄内地方へ向かった。九月七日、鼠ケ関《ねずみがせき》の戦場に到着し、庄内兵と対峙、小競り合い。十一日、岩国兵と合流し、共に戦うことになった。重遠の突撃の合図で鉄砲の弾が行き交う凄まじい戦場で、刀を振りかざし、突進する修羅場の𪚥一は、一瞬たりとも怯《ひる》むことはなかった。死に物狂いで雷村砲台を攻撃し、これを破った。その後、小規模の戦いをしただけで戦争は終わった。機勢隊の被害も数名の戦死傷者を出しただけであった。

𪚥一は、後になって雷村の戦いについて回顧している。

「雷村と申す所の賊を攻めんと進軍したが、夜になって道に迷い、自分と一緒にいた者が病にかかり、一歩も進めないと言うので、しかたなく渓間《たにま》の洞《あな》で過ごすことにした。不意のことであったため余分の食べ物はなく、二人とも飢えていた。幸いにも岩国の兵隊が来て、その隊の一人から餅をもらい、飢えを医《いや》した」

とあるが、隊と別行動であったのかどうか辻褄の合わないところがあり、夜が明けてから本営に帰ったとあるところをみると、難儀したことを強調したかった節がみえる。

この頃、反政府軍の拠点、会津若松城は陥落していたのである。機勢隊は越後高田から中仙道を経て、京都に到着した。十月三十日、高知で本藩兵と一緒に招魂祭に参加して、十二月五日に宿毛に帰還した。

𪚥一の無事の帰りは、助野、そして兄妹にとって、その喜びはこの上ないものであった。𪚥一は、今まで一度も郷里を離れたことはなかった。戊辰戦争で出兵し、大坂、京都と知らない各地を巡り、それぞれ違った生活習慣、文化に触れ、見たことのない風物と出会い、感受性の強い𪚥一は眼に見えない啓発を全身で感じるのであった。そんなかで東征軍の一員として加わり、節吉が望んでいた王家復活の国事に尽力できたことは大きな自信になった。

𪚥一の休学期間は終わった。大きな経験をしたことで燃えわたる向学心と理想に火が付いた。早く大坂、東京で勉強したいという欲求は高まるばかりであった。

年が明け一月のある日、作馬の仕事を手伝っているところに助野が来て、

「𪚥一、ちょっと用があるけん、母屋にきてや」

仕事を片付けて母屋へ向かった。助野は火鉢の前に坐っていた。座布団を指し、𪚥一をそこに坐らせた。

「去年の暮、元気で帰ってくれたことに感謝しちょるけん、父上もきっと喜んでいると思うけんね」

十六歳で戦場に出向いた苦労を改めてねぎらった。

「今日はね、話しちょかんといかんことで来てもろうたのよ」

節吉似でもある細面の青年は神妙な姿勢であった。正面にいる我が子を見つめる母は、わが子に以前の弱々しさはなく、中肉中背の青年に頼もしくなったと内心喜びに溢れていた。

「父上とも話していたのやけんど、時期がきたら作馬もお前も名前を変えんならんと早くから決めていたけん」

「兄上も呼びましょうか」

「なに呼ばんでもかまん。作馬には言うちょるけん」

　そう言って、

「作馬は「稠松《しげまつ》」、𪚥一は「梓《あずさ》」と決めていたけん、今からそうしてもらいたいの。稠松は父上の後を継ぎ、梓は父上の遺言通り勉強に励んでください」

　助野から告げられた名前に驚いた。今まで名乗ってきた𪚥一のイメージから想像すると「梓」は正反対のように思えた。男とも捉えることができるが、女にも付けておかしくない字である。

　最初は違和感のようなものがよぎった。だがせっかく両親が考えてくれたものである。いろいろな意味を込めて付けてくれたのであろう。そういえば梓は木の名でもある。高く伸びる木で、弓の材料にもなる。そう思えば、しなやかにという意味もある。「梓」も納得できた。

　当時、一定の歳令を過ぎると名前を変える風習があった。たちまち二人の名前は街中に広まった。そんな時であった。助野は耳寄りな話を聞きつけた。新政府で活躍している人物が宿毛に帰省していることを知り、よいチャンスがきたと考えた。

岩村通俊《みちとし》は節吉をよく知っている人物であり、昔から節吉を信頼し、尊敬をしていた間柄であった。助野は、この機会を逃がしてはならないと領主の館に近い岩村邸を訪ねた。客間に通された助野は、一段と風格が増した通俊と対面した。節吉が亡くなって三年が経っていた。通俊は節吉の死にふれ、残念がった。

「お忙しいところへお伺いしまして申し訳ございません。今日は、倅、梓のことでご相談させていただきたいとお邪魔させていただきました」

通俊は、

「梓君はたいそうできが良いそうですね。私の耳にも入っています。それでどういうことですか」

助野は、これまでの経緯《いきさつ》を話し、なんとか高い教育を受けさせてやりたい旨を話すと、通俊は、

「二月に東京に帰ります。私と一緒に上京すればよい。私も協力しますよ」

と、快諾してくれた。トントン拍子に話が進み、助野と梓は大喜びで手を握り、何度も、

「母上、ありがとうございます」

と、梓は礼を言った。嬉しそうな梓を見て、助野はできることはしなければと、亡父節吉の遺志に添う行いであった。

梓は、岩村邸に挨拶に行ってくると助野に告げ、訪ねた。通俊は梓を見るなり、

「ほう、立派になったのう。助野さんから話は聞いちょるけん、私と一緒に東京へ行こう。大いに励むがよい。節吉さんもそう望んでおるじゃろう」

助野は旅立ちの支度を急いだ。弟想いの稠松が、

「母上、梓を励ます席を一晩持ちませんか」

「そうじゃね。善平伯父さんも呼んで、皆でやろうや」

善平は、節吉の兄で、平素から梓を可愛がっていた。

4

旅立ち

一八六九（明治二）年二月初めに岩村通俊と共に船で宿毛を発った。十七歳の時である。

通俊は、船中で梓と約束ごとを交わした。東京に着くまでの道中、感じたこと、見聞したことを含め、日記にするよう約束させた。

大坂、京都を経て、東海道を真っ直ぐに東京へ向かった。梓は、言われた通り、夕食後、日記を付けた。東京に到着すると通俊は、

「我が家に留って漢学を学ぶとよい」

と言い、梓は岩村邸に居候させてもらうことになった。学校は昌平学校といって、入

学のことなどすべて、通俊が段取ってくれた。昌平学校は徳川時代からの直轄校で、最高学府であった。通俊は、合い間をみて上京中、梓が残した日記に目を通し、文章の緻密さと清らかで上品な出来映えに、読むにつれ、梓の才能を見い出し、大きな期待を持つようになる。梓は昌平学校でも優秀な成績を残し、余裕のあるところを見せる態度を感じさせることがあった。

そんな時のある夜、通俊は酒に酔ったふりをして、

「貴様は、節吉の子なるぞ。今の様子では親には到底及ばぬぞ」

と、扇子《せんす》で梓を一撃したのであった。驚いた梓は、突然のできごとに耐え難い怒りを覚えた。

「おのれ、今に見ていろ」

いっそう奮起するきっかけとなった。通俊の愛のムチであった。

新政府で要職に就いている通俊は、函館府権判事となり、七月に北海道に赴いた。

梓は東京に残り、昌平学校で学ぶことにした。ちなみに岩村通俊は、後年、各県の知

事を歴任し、初代北海道庁長官となり、札幌、旭川を開発整備した人物である。

この頃、土佐藩では、東京の藩邸内に学校をつくり、在京の学生は藩校に入学するよう命を下した。梓は、東京で広く学ぶために来たので、藩校で学ぶ気はさらさらなかった。昌平学校は全国から多くの人が集まっていて、天下の大勢を勉強できる環境にあり、土佐人だけの学校に入ることに抵抗を感じた。それでは東京にいる意味を見出せず、藩邸の学校を拒んだ。それが悪かったのか藩の役人の間で、

「このような学生を東京に置いておくことは藩のためにならん」

ということになり、十一月になると、

「国許の藩公が御用があるから直に帰国せよ」

との命を受け、無理矢理、船に乗せられた。高知に着いて、藩の役人に、

「御用とはなんですか」

と問いただしたところ、

「もう用はすんだ。勝手にせい」

この人を喰った返答には腸《はらわた》が煮え返るほどの怒りを覚えた。しかし、冷静になると、この役人と争っても無駄と思い、宿毛に帰ることにした。

梓の突然の帰省に助野も兄妹も驚いた。梓は平静を装っていた。そして、あることを真剣に考えていた。藩の束縛を受けることは士分の身であればしかたのないことで、まして軽格武士であればなおさらである。ため息が漏れた。今までも軽格武士ということで差別され、嫌な想いをした。前にも、かすかに自由になりたい願望がなかったわけではない。今度のことではっきりしてきた。自由になりたい。士族籍を捨てる決心が湧いてきた。平民になれば自由の身になれるだろう。

一つの案が閃いた。

「そうだ、善平伯父さんの養子になろう」

善平は近所で商いをしているふつうの人であった。節吉の兄で、自分を可愛がっていた。用意周到に構え、このことをいつ母に打ち明けるかタイミングを伺っていた。

十一月の半ばも過ぎると寒い日が続いた。梓は机に向かって本を読んでいると、助野が、

「少し冷《ひや》いが火鉢の火にあたって体を温《ぬく》めたや」

と、声をかけてきた。助野は、梓が東京から帰ってきた経緯《いきさつ》は知っていたが、今、何を考えているのか分からなかった。火鉢を挟んで梓は、

「母上、実は話したいことがあります、聞いてもらえますか」

助野は、梓が思いつめているように思えた。

「今度のようなことが再三あれば自分が考えちょるような勉強はできませんけん。平民になって自由の身になりたいと思うちょります」

助野は驚くふうでもなく、

「それではどうすりゃいいのかね」

「私を善平伯父さんの養子に出してください」

なるほど、助野は、もう武士がどうのこうのの時代ではなくなっているかもしれな

いと思っていた。助野は、

「そうやねえ、伯父さんに相談せんといかんけん、……梓が言うように、そうするのが上策かもしれんねえ」

と、相槌を打つような口ぶりであった。助野は、さあ、どういうふうに頼むのがいいか一晩考えてみた。梓の後に引かない決心は変わることあるまい。翌日、善平を訪ねた。善平は笑顔で応じ、

「わしに頼みごととは珍しいのう。で、どんなことかのう」

助野は梓との一部始終を話し、

「梓の頼み、聞いてもらえんろうか」

善平は、そんな大事なこととは思っていなかったので驚いた。一時、黙り込んでいたが、

「それも一つの方法かのう。けんど、のう助野さん。心配なのは一回士族籍を抜けると二度と元に戻れんが、かまんのかのう」

「兄さん、梓は覚悟しちょりますけん」

梓の固い決意を助野から聞くと、梓のためになるならしかたのないことか。やや逡巡したが、同じ小野姓であるから困ることも少なかろうと、善平の決断も早かった。養子縁組の手続きはすんなりととられた。一八六九（明治二）年暮、梓は平民となった。こうした判断力、決断力が激動の世界に踏み出す始まりであった。人の運命は不思議なものである。

少年期の癲癇の発作が治まった時期から、二、三年の周期で梓の環境は変わってきた。そのサイクルは多少の差こそあれ、宿命のように現れる。その根底にあったものが、父、節吉の遺言であった。

一八七〇（明治三）年、十八歳の早春、梓は助野と仏間にいた。張りつめた空気が漂い、節吉の位牌を見ながら、

「お前は大きな道に踏み出したようじゃ」

助野は、穏やかな口調で話し始めた。

「ありがたいことじゃねえ。父上の友人、知人が梓に手を差しのべ、勉強のできる場をつくってくれて、父上の人脈はいい人ばかりじゃねえ」

助野は節吉が導いてくれていると内心思っているが、助野もいろいろと努力してきたのだ。

「家のことは心配いらんけん、梓は勉強のことだけを考え、思い切り励んでくれたらいいのやけん、頑張るのよ」

助野の優しい眼差しがあった。梓が今度世話になる人が大坂在住で、遠縁にあたる小野義真《ぎしん》であった。

助野は、今度の旅立ちは永いものになると感じていた。惜別の念よりも、ひょっとすると会うことが叶わないかもしれないという不安がこみ上げ、胸が締めつけられた。

助野は旅支度を急いだ。旅立ちの日は、善平を含め一家総出で艀《はしけ》まで見送りにきて、沖合に待機している汽船に小舟で向かう梓に手を振り、道中の無事を祈った。

明治からの精神を未来へつなぐ

冨山房《ふざんぼう》インターナショナルの本

日野原重明先生の本

十歳のきみへ
―九十五歳のわたしから

人間・家族・平和の大切さを考える

本体 1,200円
ISBN978-4-902385-24-3

明日をつくる十歳のきみへ
―一〇三歳のわたしから

これからのきみたちの生き方を語る

本体 1,100円
ISBN978-4-905194-90-3

十代のきみたちへ
―ぜひ読んでほしい憲法の本

憲法は「いのちの泉」のようなもの

本体 1,100円
ISBN978-4-905194-73-6

To my 10-year-old friends
from a 95 -year-old me

世界中の人びとに届けたい

本体 1,200円
ISBN978-4-902385-88-5

To my young friends,
—Let's learn about the constitutions.

日本国憲法のよさを世界の人々へ

本体 1,200円
ISBN978-4-905194-91-0

働く。
社会で羽ばたくあなたへ

学生にも大人にも発見があります

本体 1,300円
ISBN978-4-902385-87-8

日野原重明のリーダーシップ論

混迷の時代のリーダーを示す

本体 1,500円
ISBN978-4-86600-028-2

株式会社 冨山房《ふざんぼう》インターナショナル

〒101-0051 東京都千代田区神田神保町1-3　〔2019年9月現在〕

Tel : 03-3291-2578　Fax : 03-3219-4866／E-mail : info@fuzambo-intl.com

URL : www.fuzambo-intl.com

★本体価格で表示しています

掲載している書籍は、全国の書店にてお求めいただけます。掲載の書籍は出版物の一部です。書店に在庫のない場合や、直接販売（送料をご負担いただきます）につきましては、小社営業部へお問い合わせください。児童書のご案内は別にありますので、ご必要な方はお申し出ください。

『都鄙問答』と石門心学
―近世の市場経済と日本の経済学・経営学

由井常彦 著

日本的経営の諸原則は石田梅岩にある。

ISBN978-4-86600-060-2
2,400円

社会力の時代へ
―互恵的協働社会の再現に向けて

門脇厚司 著

危機的状況にある人類社会、今何が必要か。

ISBN978-4-86600-048-0
1,800円

死にゆく子どもを救え
途上国医療現場の日記

吉岡 秀人 著

アジアで二万人を救った小児外科医の記録。

ISBN978-4-902385-74-8
1,300円

国境なき大陸 南極
きみに伝えたい地球を救うヒント

柴田 鉄治 著

地球があぶない！ ただひとつの解決策とは！

ISBN978-4-902385-79-3
1,400円

人類新生・二十一世紀の哲学
人間革命と宗教革命

林 兼明 著

古語研究を基に多彩な思索で人類救済を説く。

ISBN978-4-9900727-3-5
3,000円

和の人間学
―東洋思想と日本の技術史から導く人格者の行動規範

吉田 善一 著

社会や科学技術に役立つ日本的人間力を探究。

ISBN978-4-905194-67-5
1,800円

〔エッセイ〕

家事調停委員の回想
―漂流する家族に伴走して

中島 信子 著

様々な事件に関わってきた著者による実話。

ISBN978-4-86600-035-0
1,800円

日本人の祈り こころの風景

中西 進 著

現代の世相を軸に、日本人の原点を探る。

ISBN978-4-905194-26-2
1,600円

私は二歳のおばあちゃん
アメリカ大学院留学レポート

湯川 千恵子 著

還暦で米国留学！ バイタリティあふれる奮闘記。

ISBN978-4-902385-43-4
1,600円

心に咲いた花 ―土佐からの手紙

大澤 重人 著

第56回高知県出版文化賞受賞

高知県を題材として、人々の強さ、優しさ、苦しみ、悩みを生き生きと描いた人間ドラマ。

ISBN978-4-905194-12-5
1,800円

泣くのはあした―従軍看護婦、九五歳の歩跡

大澤 重人 著

看護婦として日本の旧陸軍と中国八路軍に従軍した一人の女性の波乱万丈の生涯を描く。

ISBN978-4-905194-95-8
1,800円

アフリカゾウから地球への伝言

中村 千秋 著

三十年にわたる研究調査から学んだ地球の未来。

ISBN978-4-86600-011-4
1,800円

〔文 学〕

吉田健一ふたたび

川本 直・樫原 辰郎 編

気鋭の書き手たちが描く新しい吉田健一。

ISBN978-4-86600-057-2
2,500円

森の時間

前 登志夫 著

自然と人間の深奥を捉えた名篇、ここに甦る。

ISBN978-4-905194-69-9
1,800円

山紫水明綺譚 京洛の文学散歩

杉山二郎 著

江戸っ子学者による博覧強記の京都の話。

ISBN978-4-902385-93-9
2,400円

おなあちゃん ―三月十日を忘れない

多田乃なおこ 著

東京大空襲を生き延びた十四歳の少女の実話。

ISBN978-4-902385-69-4
1,400円

新版 ドイツ詩抄 珠玉の名詩一五〇撰

山口 四郎 訳

音読にこだわったドイツ詩集の決定版。

ISBN978-4-902385-59-5
2,200円

ドナウ民話集

パウル・ツァウネルト 編 小谷 裕幸 訳

ドナウ川流域で語られてきた話100編の初の邦訳。

ISBN978-4-86600-017-6
4,800円

中国雲南省少数民族民話選
木霊の精になったアシマ

張 麗花・高 明 編訳

中国雲南少数民族が語り継ぐ人間愛。

ISBN978-4-86600-066-4
2,800円

大坂港に着くや、その足で、当時大蔵省会計監督官をしていた小野義真邸を訪ねた。初めて会う義真に緊張していた。型通りの礼儀正しい挨拶をすますと、義真は、

「ようきたのう、ゆっくりと君の話を聞こうか」

すでに助野からの手紙でおおかたのことは分かっていた。梓は、自分が勉学の道を目指したこれまでの経緯を熱意を込めて話した。腕組みをしていた義真は、ゆっくりと腕組みをとき、話に納得できた様子で、

「よう分かった。これから君の面倒をちゃんとみるけん」

と、にこやかに宿毛弁で応えた。

梓は、助野から義真は偉い人と聞いていたので相当畏《かしこ》まっていた。ざっくばらんで気さくな義真の人柄に安堵感を覚えた。良い人に出会えたと心のなかで喜んだ。義真は、今までの勉強内容を知ると、すぐに英学を勉強するよう段取ってくれ、手続きなどの細やかな指示をしてくれた。梓は義真邸から学校に通うことになった。

梓は、これまで独習していた英語を完全なものにするため猛勉強を始めた。学校に

通いだすと、たちまち学習の成果は上がり、目覚ましいものがあった。義真も、抜群の成績に舌を巻くほどで、見込みどうりと満足顔であった。

明るい性格の梓はすっかり大坂に溶け込み、友人も多くでき、宿毛訛りの話し方は人を引き付けるものがあった。順調に過ごしていた大坂の生活であったが、悪乗りして生涯忘れられない大失敗をしでかしたのである。

ある日、悪友に誘われて遊郭のある堀江の酒場に繰り出し、酒を飲み、ドンチャン騒ぎをしでかしたのである。そのことが義真にばれていて、宿毛の先輩で梓を可愛がってくれていた中村重遠が義真邸に来た時の席で、義真は梓のドンチャン騒ぎのことを持ち出したのであった。義真は、

「ひとかたならぬ〝志〟を抱きながら遊女屋で大酒をくらい、たとえ女郎買いをせずとも、かりそめにも花街に行くとは、如何なることぞ」

と、大説教をされたのである。酒席で騒いだことを指摘されると、梓も弁解の余地はなく、しかも重遠のいるところでこんなことになるとは思わなかった。今後絶対にし

ませんと平謝りに謝ってなんとか許してもらったが、この時ほど困ったことはなかった。忘れられない赤恥を重遠に見せたことが大きな薬になった。元来、梓は酒好きなところもあった。こんなことがあっても、梓は勉強を疎かにはしなかった。

英語の習熟は進み、外国人とも話せるくらいになっていた。中村重遠は陸軍省にいて、外国のことを梓に盛んに話すのであった。

「梓、海外に行って洋夷の状況を知っておくことが大事である」

と、しきりに説くのであった。梓は、重遠との海外の話は酒の一件があったので義真にはしずらかった。ある時、ぽろっと話すと、

「欧米留学はともかく、ひとまず中国旅行をしてみてはどうだろう。その程度の費用なら出してもよい」

梓は、その一声に驚いたというより、飛び上るほどの嬉しさがこみ上げてきた。一八七〇（明治三）年七月であった。義真は梓のことを見守っていたのである。大坂、義真邸に来て、まだ数ケ月しか経っていなかった。短い期間であったが、梓の精神の

強さ、底知れない才能を感じていた。

親身になって梓の面倒をみてくれる義真も宿毛出身で、若い頃、大坂で緒方洪庵の塾に入門しオランダの学問を勉強した。一度、帰郷して地元の子供達に読み書きを教えていたが、再び大坂に出て、大坂蔵屋敷詰をした後、商売を始めて大成功したが、明治三年四月、三十一歳の時、工部省（後に大蔵省）出仕として官界に入った。同年七月、監督大佑に昇進し、併せて鉄道掛を任命され、大坂、西京の鉄道敷設計画に参画した。日本鉄道開発の先駆者となる第一歩であった。同四年十月に土木助、同月大蔵少丞に任ぜられ、大隈重信の配下についた。これが両者、最初の出会いであった。順調に栄進し、俊才ぶりを発揮する抜群の才能の持ち主であった。明治七年一月、思うところがあって官界生活三年六ケ月で実業界に転身したのである。在官中の功により従五位に叙せられた。

実業界に入った義真は財閥岩崎家の大番頭格として縦横に手腕をふるい、三菱のあらゆる重要な計画に加わり、立案し、すべてに意見を述べた。岩崎彌太郎は自ら車で義真邸を訪ね、相談することが度々あった。義真が立案した数ある事業をみてみると、その一つに岩手県の小岩井農場がある。小野の「小」と岩崎彌之助（彌太郎の弟）の「岩」、当時の鉄道庁長官の井上勝の「井」をとって「小岩井」とつけられたものである。農場としては日本最高のものである。

一八七七（明治十）年、西南戦争が起こると、義真は彌太郎を説得して船舶を購入させ、東京から戦場へ兵器、弾薬、食糧の輸送を一手に引き受けさせ、莫大な利益をもたらし、三菱商会の財政の基礎を磐石なものとした。小野義真という一慧眼の人物がいたからである。

日本鉄道株式会社にも深く関わり、東北本線を開通させ、我が国陸上交通に新時代をもたらせた。

義真は平素から立居振舞が極めて厳しく、横になったりしたところを見たことがなかったという。梓が義真を頼って上坂した頃は、義真は超多忙を極めていた。

5

使命感の芽ばえ

十八歳の青年、梓の初の海外旅行の出発日がきた。義真の計らいで名前を〝東島興児〟と名乗り、米国船で神戸港から上海に向かった。

上海に到着すると、上海の内情を見聞し、さらに中国各地を巡り、西欧列強の侵略の下に呻吟する中国民衆の惨状を目の当たりにして強い衝撃を受けた。十八歳という若さで社会的経験のない、ましてや西洋の政治に触れる機会もなかった梓が、初めての海外旅行で、中国を通じて世界に対して持った認識が最初の政治論と言うべき「救民論」を執筆させることになった。

著した「救民論」は、論旨の斬新さ、構想の大きさは驚くべきものを秘めていた。

そのテーマは、近代文明の発展によって世界が一つにつながった当時の国際社会にあっても依然として弱肉強食の闘争が続き、困難が絶えることのない現実から民衆を救済するために世界を一体化する対策を探ろうとしたものであった。大国が小国を侵すような世界になれば民衆の困難は避けられず、救われることはない。この悪弊を断ち切るために世界の賢者によって開催される「一大合衆政府」の樹立を提案し、そこに各国の識者を集め、立法機関として「大議事院」を置き、「公法」を審議、決定し、それによって平和で安全な政治を展開する世界国家をつくるべきというのである。まことに結構な論調である。世界情勢の厳しさを考えると、認識の甘さと青年のロマン性の現れとも思われる。上海滞在中に英文、仏文に翻訳して当地の欧字新聞に投稿したのであった。

この中国旅行と「救民論」の執筆は、梓の海外への関心をますます強める契機となり、欧米留学の欲望をいっそうかき立てた。この中国旅行から、梓は「東洋小野梓」と揮毫するようになった。

この年の十一月に公用で上海に来ていた義真と一緒に帰国することになり、中国での経験、出来事、著作したことなど詳しく報告すると、義真は、

「ほう、それはよかった。来たかいがあったのう」

と非常に喜んでくれた。その関係は麗しいものであった。


一八七一（明治四）年の早春、義真の転任に合わせて梓も一緒に上京した。東京に留まることなく直に横浜の修文館で英語を学び、ピーター・パーレーの『万国史』の翻訳を手がけていた。そんな折、梓に特別な好意を寄せてくれる同年輩の大関某という人物に出会った。大関は、なにくれとなく梓に接触を求めてきた。特別な好意を持っているようであった。ざっくばらんで快活な梓の人柄が受けたのであろうか、頻繁に話す機会が増えて間もない時、大関から思いがけない話をしてきた。

「すこぶる君の人物に服し、君の留学の〝志〟を知り、君にかかる留学の費用は、私も一緒に行くのでみようじゃないか」

そう言って梓を驚かせた。信じられないような話で冗談かと思っていたが、大関は本気であると言う。

大関は、かなりの資産家の出で、自分の側近の瀬谷という者も一緒に渡米すると言う具体的な話をした。梓は、この話を義真にしなければと義真邸に駆けつけた。話をすると義真は半信半疑であった。一日経つと、大関某という人物が信用できると判断したのか、

「よかったのう。君の努力が認められたのだ」

と、大いに喜んでくれた。義真は、普段の生活は質素であったが、いざという時は胆ぎれのよい人であった。よしんば、大関という者が、初めのうちは助けてくれても、いずれは自分が支えなければなるまいと胸の内で決めていた。梓の歩みをみていると、人生の歯車の回転は速すぎる。宿命であろうか。

渡米の日が近づくと友人達が送別会を持ってくれた。義真も家族で送り出してやりたいと特別の席を考えていた。そのなかに、義真の妹利遠《りを》がいた。

梓は酒好きであったが、美酒に浸っても今までになく慎重であった。大関が用意してくれた留学費用は一年分の学費一〇〇〇ドルとニューヨークまでの旅費三七八ドルであった。その先の援助の保証をもらったわけではない。ある意味では片道切符で渡米するようなものである。梓は、その先を断じて信じ、米国への留学に踏み切った。

一八七一（明治四）年二月十八日、十九歳の梓は颯爽としていた。日本人総勢四十七名と、かなりの西洋人も乗船し、客船アメリカ号は大勢の見送りの人々を振り切るように静かに横浜港を出た。アメリカに渡り、勉強ができる喜びと湧き上がる高揚感が一緒になり、さらに何事にも動じない精神が芽生えた。

春先の天候は西風が吹きやすく、海洋は凪《なぎ》の時と時化《しけ》の二つの顔を持っていた。凪の時は蒸気船は快走し、空と海が一体となり、長閑《のどか》な陽光のなか永遠の旅のようであった。乗船客は、うっとりとその世界を楽しんだ。天候が変わり、時化てくると、船は大波をかぶり、揺れて、大海に浮かぶ木っ葉船のようなものであった。時化の空は黒い雲に覆われ、閻魔《えんま》のような忌わしい顔をみせた。死ぬほど辛い船酔いが待っていた。乗船客の大半が船酔いに苦しめられた。

外洋の旅は苦楽の入り交じったもので、西洋人と会話しながら交流することもできた。船旅は学ぶことも多かった。

長旅も二十四日目を過ぎるとアメリカ大陸が目の前まで迫ってきた。二十五日目の早朝、大陸の玄関、サンフランシスコに到着した。船上から霧にかかった建物が見えた。初めて見る異郷の地は、日本となにもかも違っていた。瞬間、長旅の苦しみは吹っ飛んだ。

入国の手続きを終え、梓、大関、瀬谷はホテルに直行し、疲れを癒すことにした。サンフランシスコの街並は上海と違い、アメリカの西の玄関口にふさわしい装飾であった。梓は気に入った。

その夜、三人は無事に到着したことの喜びを互いに分かち合った。ホテルのもてなしは丁寧で、ゆったりとした気分にさせてくれた。ウィスキーを嗜《たしな》むと上々の気持ちになり、すっかりリラックスできた。これからの旅は、一週間ほどの汽車の旅である。船旅のような苦痛はないだろう。三人はそう考えて汽車に乗り込んだ。

サンフランシスコからニューヨークに向かう大陸横断の始まりであった。大関は、車中、ニューヨークに着いてからの予定を梓に話し始めた。大関、瀬谷は、自分達と同じ学校で学ぶと思っていた。

梓は、ブルックリンでジョンソン博士に師事し、法律学を学ぶことにしていた。義真が考えたことであった。官費留学生であれば別だが、大関の支援がどこまで続くのか確証がない以上、金のかからない方法を考えておかなければならない。義真がどこでジョンソン博士のことを調べたのか分からなかった。

二人と一緒の学校に行くことができないと話すと、大関達は驚いた。何故かとも聞き返してこなかった。二人には多少の予感を持っていたのかもしれない。そんなことがあっても三人は今まで通りの態度であった。

大陸横断の旅が始まった。車窓から眺める景色は目まぐるしく変わり、一つの山脈を抜けて行くたびに次々に出現する美しい光景が現れた。湖であったり、原生林の大自然が放つ新鮮な香りが漂う緑の平原。また、一つ山脈を越すごとに眺めは、突然、渓谷の巨大な岸壁群に出会うなど、アメリカ大陸の凄さを実感した。広い国土に神は数多くの壮大な芸術作品を造っていた。汽車が走れば走るほど、梓は身震いするほどの感動の坩堝《るつぼ》のなかに引き込まれた。これらが新たな力の源泉になったのである。

一週間はあっという間に過ぎ、ニューヨークに着いた。ここで大関、瀬谷と連絡先を交換して、大関に特別な気持ちのこもった挨拶をした。そして、そう遠くないブルックリンに向かった。下宿先にたどり着くとジョンソン博士を招く準備にかかった。アメリカで昼夜の勉強の始まりである。

テーマとして考えたのは法律が主であるが、アメリカの憲法行政を深く学びたいと考えた。一方的な講義のようなものでなく、一定の質疑を交えた勉強のしかたを望んでいたのである。博士を招き、自宅で学べることはこれに近いかたちだと思った。

ジョンソン博士も梓の申し出に賛同してくれた。これで勉強のスタイルが決まった。
欧米に遅れて近代化を目指した日本が、どのようにして国民の自主自由の精神を伸ばし、欧米並みの近代国家に発展し得るか、欧米が市民革命の過程において獲得した人民の自由と権利の意識が根底にあって、それが西欧近代文明の基礎だと考えたのである。

猛勉強の傍ら、義真には一ケ月間隔で実情報告を欠かすことはなかった。義真は、あの手この手を使い梓の官費留学の許可を取るべく奔走をしていた。梓の回想によると、「講習のしかたは、余を益したること多かりしと思う」と記しているのである。

博士が来る日は、学べるだけ学ぶという姿には情熱が漲《みなぎ》っていた。一年も経つと、勉強のほかにアメリカの世情やいろいろな人を紹介してくれたり、日常のことなど博士は世話をしてくれた。梓の人柄を認めてもらえたのである。友人もたくさんできた。実直でありながら堅苦しいところがないのが良かったのである。

ある日、ジョンソン博士は梓に向かって、

「君は何者かな。君のような学生に会ったことがないね。なんと言うのかな、秀才であり、不思議な天の才を備えている。私が思うに〝異才〟の人にみえる」

真顔で語った。特に学習態度や集中力、理解力は並ではないと感心していた。舌を巻いていたのである。ブルックリンは製造業の多い所で、人種もいろいろで治安が良い街とは言えなかった。博士が来ない日は、たまにカフェバーに顔を出し、馴染みに出くわすと、にこやかにスコッチウィスキーをちびちび飲みながら会話を楽しんだ。生活そのものは質素で、地味に暮らしていた。

ニューヨークまで一緒に来た大関とは音信不通であった。大関から受けた資金は枯渇し、窮するようになった。ニッチもサッチもいかなくなり、困った挙句、アメリカの友人に二五〇ドル借りたが、返済期限がきても返せなくなった時、牧畜研究のためニューヨークにいた大蔵省勧農輔、由良守応《ゆらもりまさ》が帰国するのを幸いに二五〇ドルを立替えてもらい急場を凌いだ。この二五〇ドルは義真が由良に支払った。こうしたこともあったが、一八七三（明治六）年、義真の骨折りで梓の官費留学が認められたのである。

まもなく大蔵省からイギリスに留学し、理財、会計、銀行組織の研究を命ぜられた。アメリカでの勉強は二年で終わった。

イギリス、ロンドンは梓の憧れの地であった。大都市ロンドンは偉容と華麗さに満ちていた。梓は心を動かされるものがあったが、それらに捕われることなく勉強に励んだ。昼間は理財、会計の研究、夜は法律の原理、法思想の学習に打ち込んで、一方、合間をみて社交界に顔を出し、いろいろな人と接し、世論や政治運動の状況を観察した。

ある時、イギリスの知人から晩餐会の招待を受けた。大勢の方々が招かれていて、東洋人ということで珍しがられ、日本のことを聞かれた。一人の紳士が梓に向かって、

「日本は支那の属国であるのかね、日本人はちゃんとした家に住んでいるのかい、アラビア人、蒙古人のように遊牧民と同様の幌幕《パオ》に住んでいるのかい」

などと、はなはだしい偏見を持って訊ねられた。認識の違いもここまでくると怒る気にもなれず、日本のことが全然分かっていないと思い、紳士に向かって、

「日本もすでに鉄道を敷き、電信も架設され、利用しています」

と説明していると、この家の主が来て、

「日本は驚くべき国で、二十年前までは欧米に知られていなかったが長足の進歩を遂げ、東洋文明の先駆になっている国である」

と話すと、一同は梓に詫びを入れた。いずれにせよ、アメリカ、イギリスでの勉強は猛烈を極めるものであった。


梓が留学のため横浜港を出た後、明治四年七月、母国では廃藩置県が断行され、旧い政治体制が一新され、政府の官僚によって明治五年から翌年にかけ、学制の制定、徴兵令の公布、地租改正の指令が次々に出された。

さらに明治六年、西郷隆盛ら五議による征韓論の主張と辞職。翌年一月に板垣退助

らによる民選議院設立建白書と、激動が続いていた。

ロンドンにいる梓は、留学中の馬場辰猪《たつい》、万里小路通房《までのこうじみちふさ》、赤松連城《れんじょう》らと話し合い、留学生の交際を密にして学び得た知識をお互い共有し、友情を温め合おうという主旨の「日本学生会」をつくった。この会は、後年日本で大きな役割を発揮する基礎となった。

梓の研鑽は続いた。理財、会計、銀行の調査研究と合わせ、法律も勉強する精進ぶりであった。そうしたなかで、独り自室で机に向かい、ランプの灯火を見つめながら大きな世界歴史の流れに思いを寄せた。

世界の中軸であるヨーロッパの現実は、普仏戦争でフランスの没落、ドイツの台頭を許し、かつての大国オーストリアやイギリスも昔の威勢を失い、中心であるべきヨーロッパが平和を回復しない限り世界平和は実現しないと思った。梓が中国旅行で著した「救民論」で展開したような夢想的世界平和論では、どうにもならない巨大な歴史の流れを見せつけられ、その現実社会に小国日本を重ねてみると祖国の将来に深い不安を抱かせた。

アメリカ、イギリスと三年に及ぶ昼夜を問わない取り組みに、元来丈夫でなかった梓の体をいつの間にか病魔が棲みついていた。心身とも疲弊した体は悲鳴を上げた。リュウマチの発症である。医者は療養を強くすすめた。そして、冷涼なロンドンよりも、気分転換を兼ねての旅行をすすめた。

一八七三（明治六）年秋、ドイツ、フランス、イタリアを旅することにした。ヨーロッパ大陸の風光明媚な名所旧蹟を訪れたのである。各地で自由な市民生活に触れ、羨望を覚えた。これから近代国家を目指す母国日本のことは頭から離れなかった。ヨーロッパ旅行でリウマチは治まっていたが、ロンドンに帰るとたちまち再発して梓を苦しめた。医者はこのままでは悪化するばかりであるから帰国した方がよいと忠告した。

一八七四（明治七）年一月十七日、大隈重信大蔵卿に同省造幣課英国留学生、松長

修蔵が病弱のため帰国を上申したのであった。帰国命令はほどなくして梓のもとに届いた。たぶん、義真が動いたと思うのである。義真は状況を把握していたのである。

梓は三月、ロンドンを発ち、大西洋から地中海を経由し、エジプトに立ち寄ってカイロのピラミットを訪れ、その後、船はスエズ運河から紅海を経てインド洋に出た。シンガポール、中国を通過し、五月二十二日、横浜港に近づいた。汽笛の音はそこらじゅうに響き渡った。入港の知らせである。

三年前の出港のものとはまるで違うように思えた。新天地に向かう高揚感と、今まさに、母国に帰り、自分が経験して得た知識を国のために尽くせるという満ち溢れた使命感との心境の差であろうか。この留学期間で身につけた体験こそ、不思議な運命のもと、梓の人間形成に決定的な意義をもたらした。

6

新たな道へ

横浜から真っ先に向かったのは東京の義真邸であった。梓は、最低でも三ケ月に一度は義真に書簡を送っていた。義真一家は梓の帰りを待っていた。玄関をくぐると、

「ただいま帰りました」

大きな明るい声であった。義真、利遠、家中の全員が出迎えた。皆、心待ちにしていたのである。

「おぉ、帰ってきたか。よう帰ったのう」

義真は広間に着座すると、

「病気をしちょったと聞いていたので心配しよったが、顔を見るかぎり病み上がり

には見えんのう。それにしても本真によかった」

息子の帰還のように思えた。

「じゃが、大変な苦労であったろう」

梓も、

「先生には長いこと、なにからなにまで心配とご迷惑をおかけし申し訳なく思っております。心から感謝しちょります」

義真は、梓の髪型や背広姿に見ほれながら、梓のなかにどっしりとした大きな芯ができていることを見逃さない鋭い観察眼を持っていた。大満足の笑みを浮かべているのである。皆は、三年間の空白を埋めるかのようによもやま話に花が咲き、寛いだ時を過ごした。義真は、梓にしばらく骨休みをして、これからのことを考えていこうと語りかけた。


梓が帰国を果たした一八七四（明治七）年は、近代日本の黎明期であった。国内の政局は揺れ動いていた。梓はこれから何をすべきか、すでに二つのことを考えていた。政局の揺れの根本は安定した政治体制が確立されてないところに原因があって、一挙に結論の出せるものでないと感じていた。アメリカ、イギリスで修めた法律学からすると、国のあり方は立憲国家、立憲政治を目指さなければならない。そのためには、世論を形成し、法を詳しく説かなければならない。そのための著作にかかることであった。

梓はロンドン留学中、学び得た知識を共有し、友情を温め合う「日本学生会」をつくった経験があった。日本学生会から得た経験を日本でどう展開すべきか、その結論が、啓蒙文化団体「共存同衆」という知識人の集合体である。この「共存同衆」を通じ、日本の対外的独立と国民の統一に向け、知識人相互が協力し、人民の啓蒙を図るという原案をつくり、梓は結成を呼びかけたのである。たちまち賛同したのは、赤松連城をはじめ、大内青巒《せいらん》、万里小路通房、尾崎三良《さぶろう》、広瀬進一、松平正信、岩崎小二郎、三好退蔵らイギリス留学の仲間で、司法省の官僚も加わり万里小路家で会合して

「共存同衆」の会名を決定し、九月二十日、両国の中村楼で結成式を挙げたのである。その後、新たな参加者があり、翌年二月、「共存雑誌」も創刊され、活発な活動が開始された。

「大いに親睦を深め、知識を活し、人間共存の道に関わる者は、論ずべきは論じ、議すべきは議し、救うべきは救い、助くべきは助け、人民の権利を明らかにし、義務を励まし、国民を武家社会の封建の遺風から一日も早く脱却させ、協力共存の社会へ導くことにより日本の近代化へ近づく」

と、梓は主張したのである。同時に法律を説き明かす「羅瑪《ローマ》律要」の執筆にも余念がなかった。

会合は常会として十日と二十五日の月二回に定例化し、衆員五名以上の署名があれば臨時会を開くこともでき、幹事に梓と岩崎小二郎が繰り返し選出された。二人が共存同衆のプロモーター的存在であった。共存同衆は広く社会に開放され、衆員は平等の権利と義務をもって運営された。当時、社会的に差別されていた女性に対し、一定の条件を付けていたが加入の途を開いていた。そこには、梓の社会に対しての積極的な姿勢があった。

会合や講演が増えると身辺は忙しくなった。行く先々で出会う人も多くなり、親しい人もできた。ざっくばらんに接する人も多く、

「小野君、結婚しているのかね。まだなら良い娘を紹介しようか」

など、梓のことを心配してくれた。

義真は、忙しくなった梓を見て、そろそろ身を固めてもよい頃じゃろう、ひとつ言ってみるか、と思って、

「君もそろそろ身を固めてもよい時期じゃと思うけんど、誰ぞおるのかね」

と訊いた。梓は思いがけない話にたまげた。

「いやあ、まだそんなことは考えたことはないです。やらんといかんことがようけありますけん」

梓は義真の腹の内が分かっていなかった。義真も口火を切った以上、この際、全部

話した方がよかろうと思い、あっさりと、

「どうかのう、内の利遠は」

まさか利遠の名前が出てくるとは思いもよらなかった。みるみるうちに梓の頬にうっすらと赤味が生じた。義真は梓の純真な姿を見た。利遠は一つ年下の美しい娘《ひと》であった。梓に異存などあるわけがない。

梓は、明治八年十月十日付で本籍を東京府に移し、隅田川の辺《ほとり》に居を構えた。梓と義真の絆はさらに強いものになった。

日を置いて、義真が梓の所に来て、

「大隈重信侯に会ってみないか。大蔵省にいた頃、大隈侯の部下として仕え、前からの知り合いでのう。今でも面識をいただいておる。君のことは留学の時からずうっと話しているけん、一度会ってみたまえ」

と、強く勧めてくれた。大隈は純真で立派な政治家と認識していた。なにはどうあれ、こんなに早く会う機会に恵まれるとは、梓は大隈邸を訪ねた。義真のお蔭で面会は丁重な出迎えを受け、広間に案内された。大隈は梓を一目見て、

「ほう、君が小野梓君か」

ちょっと驚いた様子であった。義真から聞いていた梓のイメージは、少し太めで体格のよい青年と想像していた。大隈は、

「君のことは小野義真さんからよう聞いておった。大蔵省に勤めて、我輩の部下におった小野が言うには、イギリスに留学して、歳は若いがなかなか使えると言うことであった。我輩も一度会ってみたいと思っていたんである。よう来てくれた」

梓は、アメリカ、イギリスで勉強した内容を披露していくうちに熱が入り、ヨーロッパ諸国の自由で平等な市民生活に話が及ぶと、

「日本藩閥政治、武断政治は我が国を隆盛にならしむる道ではなく、権力を打破し、分離し、国権を統一するためには、ヨーロッパ諸国のように立憲国家を樹立し、立憲政治をする以外に道はない」

と、熱弁をふるった。大隈は、梓のことを、

「体格も小さく痩せていて、豪傑肌の人に見えず、どこか人と争えぬ傑出したところが容貌に現れていて、学問の造詣深く、才略があって明敏、情熱、誠実、実行力が備わっている」

と見抜いた。梓は、大隈のことを、

「口が大きく眼光鋭く、額から頭部にかけ発達していて、穏やかな口ぶりは要点をついて話す人で、包容力のある方」

と感じた。これが最初の出会いであった。


共存同衆の活動と並行して執筆作業も忙しかった。毎日の講演で封建の遺風から一日も早く脱し、国民の真の自由と権利の獲得がいかに必要であるかを強調し、それを法的、制度的に保障する民法、刑法の制定が必要と説いて回り、国家体制の民主的な変革を目指していたのである。国家に憲法がないと多くの利益を失い、少数の権力者

の思うままになってしまう。憲法を制定することが最優先されなければならないと主張していたのである。

梓が一八七六（明治九）年五月に「国憲論綱」を起草したのは、このような活動のなかから生まれたのである。梓は、彼が著した「羅瑪律要」がきっかけで司法省に官吏として採用されることになった。その過程に大隈の後押しがあった。

一八七六（明治九）年八月十五日、司法省司法少丞として官僚の道を歩むことになった。官僚として仕事をする意志はかねてより抱いていた。政治理念を政策を通し、直接的に実現していきたいと考えていた。しかし、梓の抱負は入省後、すぐに頓挫した。そのわけは、政府内で渦状ともいえる西欧的な手法を展開したために折り合いが悪くなって、わずか十数日で民法編纂委員を辞め、家に引きこもったのである。引きこもってから「国憲論綱」の執筆に専念し、秋の終り頃、上下巻の大論を書き上げた。

一八七七（明治十）年一月、官制改革により司法省書記官となり、二月に太政官少書記官を兼任し、法制局専務となった。

この年の夏から秋にかけ流行したコレラにかかり、生死をさ迷う事態になったが、これを救ってくれたのが医師の石井信義のすぐれた手腕と侍女甲斐の手厚い看護であった。この年は、昨年誕生した長男義男が亡くなり、長女椽《とち》が生まれた悲喜こもごもの年であった。その椽も翌年三月一日、病気で失った。利遠はこの時、次女をみごもっていた。

この年の四月十日から五月三日にかけ、内務卿大久保利通の提案で第二回地方官会議が開かれ、伊藤博文議長のもと「郡区町村編成法」「府県会規則」「地方税規則」の三法が審議され、七月に公布した。地方制度の確立を目指したもので、封建制の遺風からの脱却と人民の自由権利の進展をなにより希求していた梓にとって、政府案は不満足なものであった。梓が情熱を注いだ「国憲論綱」は、憲法の制定が最優先されなければならない論調であった。梓は言う。

「我が国の政治形態について、第一は政治体制として代議政体をとることこそ我が国のとるべき政治形態であって、代議の政とは、民人の代人を差し出して政を公議せしめ、諸々の法を立て、施政の方向を定め、その非を抑制せしむるを言い、その能く政府設置の目的に達するを得るものは、英の議院、米の両議院を以て充分の証左となすべきものの如し」

また、英国主義の梓は、「天皇は君臨すれども統治せず」のイギリス政治の支配原理を日本に当てはめ、天皇をイギリス国王に擬し、その安定した立憲体制に倣《なら》おうとしたのである。そして、主権が「有衆一般」にあるとした。梓によれば、「上皇帝より下は平民に至る全国民を意味する君民同治の国土に於いては、治国の責め国王一人の身に止らずして民人一般に在て存すればなり。責既に民人一般に在て存する所以にして、国の安康を永遠に保ち、その独立を牢国に全うせしむるの術、斯の全権を挙げて民人一般に在らしむるに在るのみ」

と、天皇を含む国民全体が主権を持つことによって国家の安全がはかれ、真の独立が全うされるというのである。

一八八〇（明治十三）年三月、太政官改革による内閣機構の再編によって、政府が財政の監督検査機関の必要性を痛感し、三月五日に大蔵省検査局を廃止し、太政官内に独立機関として新設されたのが会計検査院であった。梓は、大隈の強い推薦のもと、検査官になった。取り立てた大隈は言う。

「小野君は常々我輩に向かって、日本の藩閥政治、武断政治は永く我が国を隆盛ならしむる道ではない。宜《よろ》しくこれらの権力を打破し、分離せる国権を統一するには、欧州文明諸国の如く憲法政治を布くより他に道はないと度々意見を洩らしていたんである。我輩もこれと同様な意見を有《も》っていたんで、先ずその手段の一つとして会計検査院をつくってこれに大きな権力を与えて、政府機関運転の原動力たる検査を厳重にすれば、これに依って従来乱用せられつつある国権を制し、国帑《こくど》の乱費を防ぎ得る。小野君が今日で言う会計検査官となって、その蘊蓄せる知識、殊に財政上における意見を吐露する機会を得たんである」

この頃、大隈と梓は対等に議論し、阿吽《あうん》の呼吸で意志の疎通ができ、大隈さん、小野君の間柄であった。

梓は重要な役職に就いても執筆活動に手を抜くことはなかった。一八八一（明治十四）年一月二日、「今政十宜《きんせいじゅうぎ》」を大隈に提出し、政治改革の提言をし、再三再四、邸宅を訪問して日常の情勢を議論することが多くなった。

「小野君は、我輩が一策を建つれば直に骨を接《つ》ぎ、そして肉を付け、ちゃんと形を整えて、その案は我輩が考える以上のものがあった」

補完しながら関係は深いものに発展していった。

困ったことに、春先に娘の純子《すみ》が麻疹にかかり、子煩悩な梓は昼夜の看病の無理と普段の激務からきた疲れから逃れることができなかった。風邪をこじらせてしばらく静養に追い込まれた。この頃から病弱な体質が現れるようになった。娘の麻疹のことを郷里の母助野と兄稠松に知らせたら薬を送ってきた。助野は、梓一家のことが気がかりで、五月二十六日に上京してきた。梓が会計検査院から帰ると、助野は純子と遊んでいた。梓は満面の笑みを浮かべ、

「母上、よう来てくれました」

と、助野の手をしっかり握りしめた。十一年ぶりの再会であった。目と目が合うと、二人にしか分からない深く懐かしむ情が芽生えた。

「梓、まあ立派になって」

助野は言葉にならなく、風格のある我が子の成長に感涙した。二人にしか分からない瞬間であった。

「母上、長旅でしたけん、お疲れでしょう。ゆっくり寛《くつろ》いでください」

そう言って初めて会った妻利遠と純子のことに及ぶと、

「ハイハイ、あなたが帰ってくるまでに利遠さんからなにもかも全部聞きましたけん。たいそう忙しいのじゃね」

安堵感と嬉しそうな助野の顔があった。

「今日は、夕食、私が腕を振るいますけん、利遠、手伝ってや」

梓は三年間の留学で料理の腕を上げていた。その晩は義真も来て、亡き節吉、兄稠松のこと、伯父善平のこと、助野は梓が宿毛を出てからひと昔の出来事を語った。梓も義真も、感慨に浸った。助野が東京に来てから、政局は不穏な兆しが表面化してきた。

北海道開拓使官有払下げ問題が浮上していたのである。政府内部の政争へ展開していく模様になってきた。折しも七月の終わりから天皇の東北、北海道巡幸に随行する大隈を訪ねて、今後の諸事を話し合い、送別の挨拶を行った。

八月三日、梓は会計検査院一等検査官に任ぜられた。忙しい合間をみて、助野を東京見物に連れて行き、親孝行の限りを尽くした。助野は八月十七日まで滞在し、東京を楽しんだ。

7

困難の克服

梓は息つく暇もない多忙ななかにいた。開拓使官有払下げ事件が表面化してきたのだ。この事件は、北海道開拓使が十年もの歳月と数千万円の資金を投じて進めてきた北海道開拓使官有物を開拓使長官、黒田清隆が同郷出身の五代友厚らが組織する関西貿易商会に三十八万円の低価で、しかも無利息三十ケ年賦で払下げようとした事件である。

この払下げは黒田長官のごり押しで決定され、裁下したものであったが、報道各社は払下げ反対の論説を掲げ、激しく攻撃し、世論を盛り上げた。政府内部でも有栖川《ありすがわ》宮《のみや》左大臣、大隈参議は反対し、賛否は分かれていた。梓は山口尚芳《なおよし》検査院長を訪ねて払下げ問題について話し合い、反対の意見を述べた。

また別の日に山口検査院長から開拓使官有物払下げ申請書を借りてきた。検査院第四部から決算報告書と予算書を取り寄せ、調査した。その結果、この払下げが極めて不法なものかが分かった。梓は、検査院の職権をもって現地に検査官を派遣し、開拓使の不法行為を阻止しようとしたのであった。制度の未確立のなか、私情で行われるならば国家にとって莫大な不利益になることを見逃してはならないと思った。建議をして制度の確立を要求しなければならない。だが、政府がこれを採用しないのであれば、会計検査院は無用であると上書し、これが駄目なれば検査官一同総辞職すべきと、背水の陣を敷いて徹底的な抵抗を試みたのであった。政府勢力の一部は、反対派の有栖川宮左大臣、大隈参議を天皇の東北、北海道の巡幸に随行させ、遠ざけていたのである。

梓の身の上には次男鉄麿《かねまろ》が生まれた喜びのなか、九月二十七日夜、梓は初めて喀血をした。脳裡をよぎったのは父節吉が喀血した時のことであった。自分の身の上に一抹の不安を覚えた。梓は、九月三十日、大隈宛の書簡を義真に託した。内容は、「有栖川宮左大臣、大隈参議が東京に帰るまでに献策し、天皇をして方針の一大転換を図らせる妙案を出してほしい」というものであった。払下げ問題は政府が考えているような甘いものでなかった。新聞各社、世論は盛り上がり、批判は止むことはなかった。その圧力に屈するかのように十月十一日、天皇が帰還した夜、政府は御前会議で明治二十三（一八九〇）年を期して国会を開くことと、開拓使官有物払下げの中止を決定し、同時に大隈参議の罷免を決定した。

その夜のことを大隈は、

「会議は我輩を追放したんである」

と、述懐している。梓は、この開拓使払下げ問題を契機に、政体改革へ向けて意志形成をはかるべき戦略を考えていた。翌十月十二日、「明治二十三年を期し、議員を召し国会を開き以て朕が初志を成さんとす」との勅旨が「若し仍《な》を故《ことさ》らに躁急を争い事変を煽し国安を害するあらば処するに国典を以てすべし」と、大隈派と民権運動に対する宣言付きで発表された。これが「明治十四年の政変」であった。

梓も共存同衆員として民権運動に熱心に活動していたので、夜更けて義真が訪ねてきて、

「噂によれば政府はお前を疑っていて、捕縛も辞さないと言っているらしい。充分気を付けなければいけないよ」

と話した。義真は政情について敏感であった。梓に注意した。心配していたのである。

「私は天皇に対する敬愛の念は今も少しも変わっていません」

そう義真に伝えた。

梓に対する免官の辞令は十月二十五日に届いた。一八七六（明治九）年八月十五日に官職に就いて約五年二ケ月の官僚生活に終止符が打たれた。

少壮官僚として抱いていた政治理念を政策決定を通じて直接実現していきたいという思いが今日まであった。梓は自ら辞職するつもりであった。この政変で、大隈派の

官僚、太政官大書記官矢野文雄、農商務大書記官島田三郎、統計院権少書記官犬養毅、尾崎行雄らが辞し、農商務卿河野《こうの》敏鎌《とがま》、駅逓総監前島密も相前後して野に下った。このように大隈派と政府内部の民権運動理解者に対して薩長藩閥勢力の強烈な反撃であった。

激務から解放された梓は、普段、親子の触れ合いがなかった純子と妻利遠を伴い、隅田川の土手縁から浅草公園を散歩し、料理屋で食事をすることもあった。日和のよい時、釣り糸をたらし太公望を決め込む日もあった。そして普段、読めなかった書物も繙《ひもと》くことができた。この時の心境を次のような言葉で残している。

「この度、天恩によって辞官が許され、隅田川畔のあばら家へ帰ってきた。ここは訪ねる人もなく閑静で、平素読もうとして読めなかった書を読むことの楽しいことよ」

と言っているが、すでに前からあたためていた政党結成に向けて頭の中は構想で一杯になっていた。

　梓は早いうちから、つまり欧米で勉強している時から、日本の近代化をどのような方法で築いていくべきかを、そして、欧米の自由な市民生活に接するなかで、過去の封建の遺風から脱却し、民主主義を原則とする立憲国家、立憲政治を確立し、新しい日本のあるべき姿を描いていたのであった。「明治十四年の政変」が揺るぎない梓の信念に火をつけた。

「大隈さん、今度の開拓使問題で明らかになった薩長藩閥、武断政治が続く限り、日本の近代化はとうていおぼつかないと思います。今こそ世論を喚起し、政体を動かす大きな分岐点であります」

「我輩も同じようなことを考えておる。小野君の言うことに賛同できる。今まで話題になっていた政党結成のことだが今が時期かもしれん。計画を立ててくれたまえ」

　梓は直ちに有志と結党準備に取りかかり、新党の規約「立憲改進党」の趣意書を起草し、大隈に提出したのである。

政党の結成後は、間をおかず政党政治の実現とそれを担うに相応しい立憲国民の育成が急がれ、一方で政党、そしてもう一方で学校設立という構想になったのである。梓はその思いを、

「余は従来一箇の冀望《きぼう》を抱けり。その冀望とは他になし、余が生前に在って吾が微力を尽くし成立せし一箇の大学校を建て之を後世に遺し、私《ひそか》に後人を利するあらんと欲する、是れなり」

つまり、梓にすれば政党と学校は車の両輪のようなものであった。梓の下には連日、小川為治郎、高田早苗、小野弥一、宇川盛三郎らが訪ねてきて、政党結成について議論を深めていた。この人達は梓が共存同衆で活動していた時、梓の人柄と政治に対する姿勢に共鳴して顔見知りであった。彼らが東京大学在学生の頃からの付き合いで、すでに鷗渡会《おうとかい》と称する会をつくり、月に数度の割で会合を開いていた。ある時、梓の考えに賛同する馬場辰猪《たつい》が来て、板垣退助総理の自由党に誘われたが、土佐人で組織されていると評し、入党を断った。十一月になって中村武雄が訪ねてきて「政党団

結」について話し合い、次の日、大隈を早稲田の別邸に訪ね、その前途に熱い議論をし、共通の認識を深め、具体的な展望が開けた。

梓は毎日のように外出し、また訪ねてくる客が引きも切らないので、「先生はまた宮仕えを始めたのかね」と、近所の人はそう思っていた。

梓は「我党檄文」の執筆に取りかかり、十一月二十七日、小川為次郎、高田早苗、市島謙吉らと協議し、いよいよ政党結成に向け前進する態勢が整った。十二月十二日から、この政党の主義、主張を天下に公告することを目指し、「何以結㆑党」その意義について執筆し、大隈に提出した。

結党準備に多忙を極めていた頃、一人の客が訪ねてきて、梓に向かって、

「政府は貴殿を駐米特命全権公使に推薦しようとしているがどうだろう」

と、言ってきた。梓は見えすいた薩長派の買収であると見破り、かすかに笑って断った。「明治十四年の政変」が、この国の政治体制の未熟さを露呈したものであり、なんといってもこの政変は、梓の人生にとって大きな転機であった。近代日本の国家体

制の確立、民主憲法の制定――政治改革を実現しなければならない使命感に溢れ、そのなかに純粋な政治家大隈重信と共に戦う道をそこに求めた。

一八八二（明治十五）年一月三十一日、雉子橋《きじばし》の大隈邸に梓を含む河野敏鎌、前島密らが集まり、結党について話し合った。大隈、河野、前島を中心にして、梓が結党準備事務局長となり、基本文章が次々と作成され、党名を協議、「立憲改進党」と決定された。三月二十六日、梓は鷗渡会員と隅田川の料理屋で酒宴を持ち、翌日、大隈を訪ね、鷗渡会会員を紹介した。彼らは、以後設立される立憲改進党に入党し、政党運動の中核となって活躍するのであった。

準備は進み、結党式に向けて組織体制をつくる第三段階にきた。党の趣意書が一般に発表されるまでに進み、四月八日、立憲改進党結成の前祝の園遊会が党員を集め大隈邸で開かれた。四月九日、党の趣意書が刷り上がった。梓は、この趣意書と手紙を書き添えて郷里の兄稠松に送り、父節吉の霊前に供えるとともに郷里の皆さんに伝えて喜んでほしいと記した。稠松、助野にとって梓の大きな一歩を踏み出した躍動感が思い浮かび上がってきた。

四月十六日、明治会堂で立憲改進党の結党式が開かれた。午後三時の開会に向け、百数十人の党員がつめかけた。式は河野敏鎌が内規に従って大隈を党総理に推薦したいと提案するところから始まった。その提案を一同が賛成し、その要請を大隈が承諾した。そして、大隈の挨拶があった。このようにして立憲改進党はスタートしたのである。内規に従い、梓、牟田口元学《むたぐちげんがく》、春木義彰の三人が総理によって党の幹事に指名され、党の指導部が確定した。

三人の幹事のなかで幹事長の役割を梓が担った。立憲改進党の幹事長として党務につくと、党事務所と大隈邸を往復しながら党務をこなしていた。生まれて肥立ちのよくなかった次男鉄麿が六月六日、一歳の誕生日をみず、脳水腫のため亡くなった。梓は、悲しんでいる間がなかった。

この間、党の激務をこなし、「国憲汎論」の上梓を決意し、上巻を刊行することになっていた。この「国憲汎論」は、梓が帰国して一八七六（明治九）年五月に起草した「国憲論綱」が発展した著書であった。

十月になると梓の地方遊説は多忙になった。集会条例によって、党の届け出をなし、認可を受けよ、との京橋警察署の指示に従うべきかどうか臨時党会議を開いて議論し、指令に従って政社として届け出ることを決定しなければならなかった。立憲改進党の党勢の普及活動に欠かせないのが遊説である。幹事長の梓は、率先しなければならなかった。東京近郊はもちろん、要請のある所はかまわず出向いた。一日何回も講演会で演説しなければならない。梓は演説がうまく、好きであった。休むこともなく埼玉県、千葉県、茨城県、栃木県など関東一円から、新潟県、長野県、静岡県など各県を数日から数週間かけて強行日程のなか地方遊説に出かけた。弱い体質の梓の体は悲鳴を上げていたが、遊説は休むことはなかった。しかし、疲労困憊で時々発熱し、呼吸障害などの症状を引き起こすこともあった。梓は症状が快方に向かうと、勇気凛々、直に遊説に飛び回った。その様子を一緒に行動していた箕浦勝人《みのうらかつんど》は、次のように記している。

「我々は終始北越地方、東北地方、関東地方はもちろんのこと、ご一緒に遊説に出かけたのでありますが、その勉強にして几帳面なこと精力に強いことに驚いた。毎日演説をする、懇親会をする、一日に二度も三度もする、それが終わると有志が押しかけてきて互いにいろいろな話をする。加え、小野君は書を書くことが達者である、好きである。故に上手であった。至る所の地方の有志者が押しかけてきて揮毫を請う。しかしながら時間がない。夜、懇親会が終わってから十二時まで、それから一時二時までも燭台を点けて書を書く。少しも屈託しない。そして朝はどうであるかというと、誠に早起きをする。早く起きて毎朝の例として、これ一種他の人と違った奇癖と言おうか、あるいは習慣と言おうか、必ず便所に這入る。一時間あまりも這入っている。これが実に珍しい。外の人にはあまりないことだが、小野君に限り、毎朝少しも変わることなし。一時間くらい這入っていて、そうしてその日の総てのことについて研究し、順序を立てる。便所の中でその日の仕事ができ上がってしまう」というあんばいであった。寸暇を惜しみ、党務のこと、遊説の計画、学校創立に向けて、全霊を傾けていたのである。

民主主義の理想実現に向け、自身が学んできた知識を活かし、近代国家をどうすれば構築できるか常に念頭にあって、党の啓蒙活動だけでは及ばないと理解していた。それには人材を育成し、社会全体が民主政治の到来を望む世論が必要であり、そのためには学校の創設は不可欠であると持論を展開していた。大隈も、「吾輩も同様である」と二人は認識していた。梓は、

「我邦学問の独立せざるや久し、而《しこう》してそのしかる所以のものは教育の基礎未だ立たざるに由《よ》る。惟《おも》うに学問の独立は一国独立の根本なり。……故に我党は文部の全力を竭《つ》くして之を帝国の大学に用い、以て学士をして名誉と実益とを有するを得しめ、終生身を学科に委し謂る日本帝国の学問なるものを興起するを得しめんことを期す」

と考え、大隈自身も慶応元年、長崎で英学塾「致遠館」を経営していたこともあって、「凡そ国民をして自治独立の精神を持せしめんと欲せば、すべからく先ず学問の独立を図らざるべからず。而して学問の独立を全うするの道は、権勢情実の羈絆《きはん》を脱したる一大私学校を起こし、学を志す徒をして自由に須要《しゅよう》の諸学科を納めしむるにあり」

と考えていた。梓と大隈の思いは一致していた。いよいよ学校設立の気運が熟してきたのである。大隈には学校設立についてもう一つの理由があった。養子の英麿がアメリカで天文学を学び、帰国したので、小さな学校を建ててやろうと考えていた時期であった。梓は、鷗渡会のメンバー、高田早苗、天野為之《ためゆき》、市島謙吉、山田一郎、砂川雄峻《かったか》、岡山兼吉、山田喜之助ら優秀な人材を紹介した。これ皆、梓の下に集まってきた連中である。立憲改進党の活動員でもあった。大隈は、これだけの人物が揃っているのであれば、彼らをスタッフとして政治経済、法律を教育する一大私立学校にという構想に変わってきた。連日のように会合が持たれ、学校設立準備はものすごいスピードで進んだ。

梓が学校規則を総記し、学校名を「東京専門学校」と決定した。梓が長い間抱いてきた学校設立という理想が、今、時を得て現実になった。弾む気持ちを抑え、慎重に準備を進めた。

開校式の日時も決まり、岡山、山田、砂川ら鷗渡会のメンバーと打ち合わせの時であった。東京専門学校の開校広告を見てきたという人が訪ねてきて、これは立憲改進党百年の計画を考えてつくったのかと皮肉られたが、梓は、

「まさにその通り、百年どころか千年万年の先を展望しての大計画である」

と、冗談交じりにやり返した。十月十一日、入学試験が実施され、七十数人の合格者が発表された。

一八八二(明治十五)年十月二十一日、晴れて開校式が挙行されたのである。来賓者は東京大学外山正一、菊池大麓《だいろく》、エドワード・モース、慶應義塾大学福沢諭吉、小幡篤次郎、立憲改進党河野敏鎌、前島密、北畠治房ら数十人が招かれた。校長大隈英

磨の挨拶の後、出席者らの祝辞があって、最後に梓が「祝東京専門学校開校」と題し、締めくくりの演説を行った。冒頭、学校設立の恩人、大隈重信と関係者多数の協力と努力によって、ここに東京専門学校が開校の運びに至ったことを感謝した後、「学問の独立」こそ一国の基礎であり根本であると、次のような演説をした。

「一国の独立は国民の独立に基いし、国民の独立はその精神の独立に根ざす。而して国民精神の独立は実に学問の独立に由るものなれば、その国を独立せしめんと欲せば、必ず先ずその民を独立せしめざるを得ず。その民を独立せしめんと欲せば、必ず先ずその精神を独立せしめざるを得ず。而してその精神を独立せしめんと欲せば、必ず先ずその学問を独立せしめざるを得ず。是れ数の天然に出るものにして、勢の心至なるものなり」

梓は続いて、不平等条約に象徴されるような我が国が置かれた厳しい国際環境をふまえ、

「いやしくも我が国民の元気を養い、その精神を発揚し、之を以てその衝に当たる

に非らざれば、帝国の独立まことに期し難し。夫れ国民の元気を養い、その精神を独立せしむるの術すこぶる少なからず。然れどもその永遠の基を開き、久恒の礎を建つるものに至ては、ただ学問を独立せしむるにあるのみ」

と、学問の独立の意味を説明した。平素、梓が考えていたものを述べたのである。

大隈は開校式に姿を見せなかった。立憲改進党の党主が新たに学校をつくり、これを反政府運動の拠点にするのではという世間の偏見を封ずるため、あえて出席しなかった。早稲田の大隈邸で開いた懇親会で初めて来賓者、講師に会い、その労をねぎらった。大隈は学校創設の準備の時から官憲に目をつけられ、スパイまで送られている状況にあった。それを考えれば賢明な対応であった。

梓は党の幹事長として党務、遊説を繰り返しながら、学校の運営に深く携わり、激務をこなしながら執筆は精力的に続けていた。そして密かに新しい事業を考えていたのである。それは「書店経営」であった。梓が構想していた三つ目の事業である。

一八八三（明治十六）年三月、大隈に書店経営の構想を相談していた。梓が心血を注いだ「国憲汎論」の中巻が四月に刊行され、宮中に献上された。五月三日、宮内卿から天皇に上呈されたと連絡があった。「国憲汎論」は明治法学史に不滅の光を放つ名書とうたわれ、国憲の意義、愛の公心、立憲の国土が貫かれ、高い評価を受けた。政府内部の要人、伊藤博文、井上馨などは、梓に一目も二目も置いていた。

東京専門学校の船出は苦難に満ちていた。党の業務と遊説、そして校務を梓が統轄し、大隈英麿が校長で梓は評議員の肩書であったが、事実上の校長の役目をしていた。自ら教壇に立ち、講義をした。講義内容は幅広く、国憲汎論、日本財政史、日本租税論などで、何科の学生でも自由に聴講でき、梓の講義は政談演説のような面もあって人気があった。しかし、創立当初から政府に警戒されていたので入学者を増やしていく状況に繋がりにくかった。そればかりでなく、政府は同年十二月に官公立学校の教員、裁判所の判事、検事の私学への出講を禁止したばかりでなく、徴兵令の改正によって、それまで適用されていた学生の徴兵猶予を官公立の学校に限定して私学に適用しないなど、極端な差別扱いをした。

東京専門学校では、三百名の学生から六十名の徴兵該当者を出し、経営が圧迫された。政府の妨害のなかでも大隈、梓を最も苦しめたのは財政問題であった。政府は市中の銀行に対し、東京専門学校への融資はまかりならぬと通達を出した。この時、大隈は、

「この学校には創立当初から少なからず負債が有ったんであったが、政府はさらに我輩を苦しめんとして糧道を断つの計略に出た。すなわち、債権者を慫慂《しょうよう》して学校に無理な催促をし、貸した金を一時に返却させようとした。このような次第で非常に高利貸連中に苛《いじ》められたが、政府の圧迫の手は我輩の旧藩主鍋島侯の方に廻った。我輩は自分に金が無いから鍋島侯爵から大分金を拝借して都合をつけていたのだが、すると今度は鍋島侯を宮内省風を吹かせて説き勧める者あり。如何に旧藩主だからといって、大隈のような政府から排斥された危険な人物を御庇《かば》いになるのは宜しくあるまい、それに宮中の御受けも近頃そのために宜しくないようだ、と言って威嚇したというこ

とであった」

と、このような意地悪も受けたと述べている。

こうして財政問題で追いつめられた梓は、学校改善の一策を立て、大隈を訪ねて密議をした上で、大隈邸に関係者を集め、用意してあった「学校改革案」を審議した。なにぶんにも学校は、資本も何もない学校であったから講師の給料は極めて少なかった。しかし、学校創成期は、梓と専務講師高田早苗、天野為之らは「学問の独立」を目指し、東京専門学校の経営に真剣に取り組み、他の仕事を兼務しながら血みどろの努力を続け、困難を克服したのであった。

梓の三大事業となる書店経営は、梓の政治理念を実現するために不可欠なものであった。義真と大隈に資金協力を仰ぎ、神田小川町に「東洋館書店」として開業した。一八八三（明治十六）年八月一日であった。梓は開業にあたって、

「文書を発行する務に服し、之を千里の外に通じ之を万人の手に致し、以て文化を

開進する一大媒助を為すもの」

とし、良書の普及活動を行った。書店は、おおいに賑わった。

これらの三大事業は、いずれも日本に立憲国家を樹立し、立憲政治を実現することを念願する梓の切実な気持ちの社会活動への現れであった。一八八四（明治十七）年に年が変わると、政府の政党に対する弾圧は次第に厳しくなり、政党運動そのものが苦しいものになった。それにつれ、政党内部も矛盾が現れた。

自由党では板垣退助、後藤象二郎ら最高幹部が党員大衆の急進化にとまどい、政府と妥協し始め、それに加えて板垣と後藤は、どういうわけか党内の反対を押し切って洋行してしまった。それを立憲改進党は批判したのであった。これに自由党が反発し、両党の泥仕合が展開した。この頃、政府の財政経済政策の転換によって農村の階層分化が急速に進み、都市の大資本と地方の小資本家の利害対立も先鋭化した。一八八二（明治十五）年から大蔵卿、松方正義によって開始されたデフレーション政策は、農民と小商工業者を不況のどん底に突き落とした。民衆の積極的な政治運動を前提として初めて維持、発展が可能な政党にとって極めて厳しい状況になった。梓らの地方遊説も、一八八四年に入るとすっかり減ってしまった。八四年十月に至って自由党は解党を決め、三年間の輝かしい歴史に幕を閉じた。

立憲改進党も例外ではなかった。自由党解党の余波は、同年十二月になると解党論が起こり、梓は全力を上げてその撤回を求めたが成功せず、十七日、大隈総理、河野副総理がそろって離党、梓自身病気が進行し、激務に耐えられる状況でなく、幹事長を辞任せざるを得なかった。

開店した当初繁盛していた書店経営は、梓の病気の進行と共に経営難に陥った。病身を押して金策に奔走しなければならなかった。梓は、「剛直清廉」「厳威勤勉」と強い側面を評価されているが、他面、極めて情にもろく家族思いで子煩悩であった。この情にもろいというところを大隈がある時こうもらした。

「小野君は情にもろく経済学も心得てはいたが、寛大な人情の篤い人間で、書生達が金がないと言って来ると、この本でも売れという具合であったから、終始償われなかった」

そう指摘したが、大隈は最期まで支援し続けた。あふれる才知と情熱を駆使して、国家体制の確立に邁進してきた。梓は、大隈との最初の出会いから意気投合し、大隈を支えてきたのであった。

梓の全身が病魔に蝕まれていた。結核の進行は徐々に苦痛をもたらした。

一八八五（明治十八）年、新年を家族で祝っているところに、義真と義敬の両義兄が来て、宴会になった。議論の好きな三人は、

「今年はどんな年になるのやかねぇ」

と話が及んだ時、

「多事多難な年になるろうけんど、このような年こそ飛躍のチャンスである」

と、自ら鼓舞するように言った。この時ばかりは屈託のない一時であった。

その後、喀血を繰り返し、体調は日増しに衰えた。しかし、執筆活動は同じように

進めていた。

七月、梅雨の蒸し暑さが堪《こた》えたのかまた喀血を引き起こしたが、この喀血はこれまでのものと違っていた。病魔が奥深く全身に及んだ証でもあった。それでも気力を振りしぼり、九月には十一年かけた苦心の大著「国憲汎論」の下巻が刊行され、十月の初めに上中下巻の合装本が刊行された。この頃より喉の異常が加わり、病床で過ごすようになった。利遠は、少しでも元気づけようと子供を部屋に入れようとしたが、梓は病気を移してはいけないと言って、純子、安子の入室を許さなかった。

十二月二十二日、政府は太政官制から内閣制度へ移行した。我が国の政治上大きな変革であった。梓が「国憲汎論」で主張したような政治の進歩改善につながるであろうが、梓が力説した基本的人権の尊重や責任内閣制は切り捨てられていた。

年の明けた一月三日、天野為之が見舞いに訪れた。梓の病は重く、声が出ない状態であった。それでも筆をとって、内閣制度の改革を喜んだ。

幼年期から幾多の困難を乗り越え、不屈の精神で近代日本に大きな足跡を残した求道者、この麗しき求道者を病魔は奪い取っていった。

一八八六（明治十九）年一月十一日、弱冠、三十三歳十ケ月で濃密な人生を終えた。梓、亡きあと、東京専門学校は「早稲田大学」となり、東洋館書店は名前を変え、宿毛から書店の店員として仕えていた坂本嘉治馬によって「冨山房《ふざんぼう》」として繁栄の道をたどる。


大隈重信侯は、梓の死の報に接し、次のような感慨を述べた。

「我輩は両腕を取られたよりも悲しく思ったんである。小野君はあのか弱い身体を持ちながら死ぬるまで積極的に働いた。胃が弱かったので消化力を失い、為に発熱しても気力はなかなか熾《さか》んな人で、空想であったかもしらぬが、早稲田大学で帝国を維持するという考えであって、ぐずぐず騒ぐ奴は征伐するという確信を持って一生の事業として学校の経営に従事したのである。この意味で小野君の死は帝国のために身を犠牲にした殉教者である。文明の潮流を見て、その勢に順応していかなければ国家は危ない。小野君は己が生命を棄てても国を救おうとしたその精神が学校に入ったので、学校創立の精神は単なる空念仏でなく、熱烈な確信、根本的道徳的な確信があったからである。小野君の人柄とその熱心なる精神は、千古不滅であって、その徳は忘れられない。小野君が心血を注いだ早稲田大学は学問の独立を標榜している。学問の独立はやがて個人の独立で、之が憲法の精神である。憲法は国家の自治である。自ら治めるもの、集合するが国家の主義である。我輩は、少なくとも社会教育上よりして小野君の徳を頌し、かつその主義が益々盛大となって小野君の精神を体現し、天下を益せしむことを希望して止まないのである」

侯はこう偲んだ。

梓は、平素から談論風発を好み、人との交わりが多かった。その人柄からしみでる香りは人を引きつける魅力があった。

梓の人生は利他の生き方であり、そして梓の理想は、長い歳月を経て、昭和の戦後平和憲法の制定に大きな礎となった。

あとがき

令和元年七月二十四日、冨山房インターナショナル会長坂本嘉廣様が来宿され、食事会にご一緒させていただいた次の日でした。

坂本会長と繋がりのある私の知人宅に行き、厚かましくもこの書の原稿に目を通していただけないかと原稿を置いてきました。その時のやりとりでは、知人はあまり気が進まないような様子でした。それも仕方のないことと思っていましたら、翌日、坂本会長から、「よく調べていますね」という電話をいただきましたが、その後は何のやりとりもありませんでした。ところが、八月末の夜、坂本会長より、「貴方の原稿、本になりそうです」という電話がありました。そのひと言は、自分の体が一瞬、宙に浮くような衝撃でした。

二、三年前までは書く経験もなく、廃業後、いくつか書いていていただけです。このような有様でしたので難儀の連続で、前後を失うことがしばしばありました。ただ、できた本を多くの方々に読んでいただきたいという気持ちで書き上げました。

梓の変化の節目、特に年月日など、梓を研究されてこられた先生方の著書を活用させていただきました。お許しを乞い、感謝申し上げます。

令和元年十月吉日

浦田文男

主な参考文献

『小野梓の人と思想』　斎藤一寛　校倉書房　一九七三年
『小野梓』　中村尚美　早稲田大学出版部　一九八九年
『小野梓　独立自主の精神』　吉井蒼生夫編　早稲田大学（冨山房）　二〇〇三年
『小野梓　未完のプロジェクト』　大日方純夫　冨山房インターナショナル　二〇一六年
『図録　小野梓』早稲田大学編　二〇〇二年
「大学創立一二五周年記念」　早稲田大学編
「大学生誕一五〇周年記念」　早稲田大学編
『山内一豊　土佐二十万石への道』（別冊歴史読本）　新人物往来社　二〇〇五年
『関ヶ原の戦い　日本史上最大の大会戦』　学習研究社　二〇〇五年

浦田文男（うらた　ふみお）
昭和17年５月27日、高知県土佐清水市にて竹葉常松、たけ代の六男として出生。
昭和36年、高知県立清水高等学校卒。㈱緑屋入社。昭和44年、浦田邦代と結婚。昭和56年、浦田和菓子店継承。平成27年、廃業。
現在に至る。

麗しき求道者―小野　梓

二〇一九年十二月九日　第一刷発行

浦田文男　著

発行者　坂本喜杏
発行所　㈱冨山房インターナショナル
東京都千代田区神田神保町一―三　〒一〇一―〇〇五一
電話〇三（三二九一）二五七八
URL:www.fuzambo-intl.com
印　刷　㈱冨山房インターナショナル
製　本　加藤製本株式会社

ISBN 978-4-86600-075-6 C0023